AF758909

Safane

Le chemin du développement

Les impliqués Éditeur

Structure éditoriale récente fondée par L'Harmattan, Les Impliqués Éditeur a pour ambition de proposer au public des ouvrages de tous horizons, essentiellement dans les domaines des sciences humaines et de la création littéraire.

Déjà parus

Sarr (Aminata), *Dans la peau de la quadragénaire*, 2022.

B. (Yann), *Ma vie en poudre. L'addiction au chem-sex*, 2022.

Pirlot (Gérard), *Entrelacs*, 2022.

Vannier (Maryse), *Des hauts et des bas*, 2022.

Dhoquois-Cohen (Régine), Feldman (Jacqueline), *Ma vie en vieille et le droit d'en choisir la fin*, 2022.

Zegout (Abder), *Parole intérieure*, 2022.

Terbaoui (Zakari), *Les redéfinitions du rôle de la France dans le monde. Des origines à nos jours*, 2022.

Burckel de Tell (Hervé), *Tous les enfants sont naturels. Lettre de Buenos Aires*, 2022.

Jonnet (Frédéric), *La brèche. Deux semaines dans le bocage vendéen*, 2022.

Diallo (Elhadj Mamadou Aliou), Diallo (Hadja Rabiatou Serah), *Les non-dits et les non-sus. Hadja Rabiatou Serah Diallo sort du silence*, 2022.

Limosino (Matthieur), *Raciste !*, 2022.

Les impliqués
Éditeur

Ces dix derniers titres de ce secteur sont classés par ordre chronologique en commençant par le plus récent.
La liste complète des parutions, avec une courte présentation du contenu des ouvrages, peut être consultée sur le site :
www.lesimpliques.fr

Seckou Ndiaye

Safane

Le chemin du développement

Les impliqués
Éditeur

« L’Histoire, c’est la science des traces, les traces des événements, des hommes et des faits. Pour accéder à ces traces, il faut ouvrir le cœur à l’Amour, l’esprit à la science et la conscience à l’Histoire. »

Kapet De Bana

© 2022, Les impliqués
5-7, rue de l’École-Polytechnique – 75005 Paris
www.lesimpliques.fr
ISBN : 978-2-38417-258-0
ISBN : 9782384172580

Table des matières

AVANT-PROPOS

J'ai écrit ce livre, pour marquer le point de départ de l'histoire moderne de Safane.

Seckou Ndiaye

DÉDICACE

J'ai écrit ce livre pour rendre hommage à Kady Biaye, la mère de la star Telly Sadio, connue à Safane sous le surnom de « Mandiako Basse », qui a choisi, comme meilleure amie au monde, ma mère Kata Diokou, connue, elle aussi, à Safane, sous le surnom de « Yafaye Diamé ».

J'ai écrit ce livre, pour rendre hommage au chef de village de l'époque, Nfally Sadio, dit Ndiama Bassa, pour avoir autorisé à Kady Biaye, de lier amitié avec ma mère Kanta.

J'ai écrit ce livre pour rendre hommage à Fara Mendy et son épouse Ndingou Diokou qui avaient accepté et béni l'amitié de Kady Biaye et de ma mère Kanta.

J'ai écrit ce livre pour rendre hommage à Bourama Sadio et Bacary Sankalamba Ndiaye, pour avoir accompagné avec une très grande dignité, l'amitié de leurs épouses respectives Kady Biaye et Kanta Diokou.

J'ai écrit ce livre pour rendre un hommage très appuyé à « Grand-Mère *Diguinty Ardianna Diamé* et à son époux *Seckou Agbayara Mansall* », pour leur affection, leur amour et leur engagement mystique qui avaient fini par libérer ma mère Kanta de son calvaire de maternité malheureuse.

J'ai écrit ce livre pour rendre hommage aux femmes et aux hommes de Safane de l'époque, pour avoir soutenu et accompagné solidairement l'amitié de Kady Biaye et Kanta Diokou, mais aussi et surtout, le combat mystique du vieux couple pour le bonheur social du jeune couple innocent.

J'ai écrit ce livre pour rendre hommage à tout le village de Safane, sans oublier tout le village de Darsilam où l'amitié de Kady Biaye et Kanta Diokou avait pris naissance, un jour d'un grand événement de fête.

Et j'ai écrit ce livre pour mon très grand ami, Chérif Léheibe Aïdara de Kolda Saré Manady, pour le très grand ami de mon père, Kémo Dramé de Karantaba, pour ma belle-famille, pour ma famille, pour mon épouse et pour mes enfants.

À tous, Bliph Seckou, l'enfant d'ailleurs que je suis, reconnaissant !

Seckou NDIAYE

INTRODUCTION

Une Cité est un village qui est devenu une ville. La question qui se pose est : comment un village devient-il une ville ? De cette question, se dégagent trois hypothèses :

Premièrement, un village devient une ville à cause de la présence de l'État, parce que là où il y a l'État, il y a la sécurité, et les personnes recherchent la sécurité, les commerces recherchent les personnes.

Deuxièmement, un village devient une ville à cause de la présence des commerces, parce que là où il y a des commerces, il y a des possibilités de satisfaire les besoins. Les gens viennent, et l'État aussi qui, en voulant contrôler tout, est obligé de se rapprocher du village en devenir et d'assurer du coup la sécurité dont tous ont besoin.

Troisièmement, un village devient une ville, si ses habitants décident d'en faire le plus beau de la région, parce que les gens aiment ce qui est beau, les commerces vont là où il y a des gens, et l'État, là où il y a les gens et les commerces.

Safane, n'étant ni dans la première ni dans la deuxième hypothèse, a naturellement pris le chemin de la troisième.

Pour se construire, produire la vie et être heureux dans la cité socialement et politiquement organisée, Safane a décidé d'identifier ses aînés, ses éducateurs, ses missionnaires, ses initiés, ses pionniers, voire ses prophètes ; mais aussi ses inspirateurs, ses fondateurs, ses organisateurs, ses gestionnaires, ses développeurs, ses promoteurs, qui doivent tous, hommes et femmes, lettrés et illettrés, riches et pauvres, savants et ignorants, apprendre à travailler ensemble sur la base d'une stratégie d'éclairage, d'information, de sensibilisation, de mobilisation, de recrutement et de formations, pour l'excellence historique. Ce livre explique comment cette approche nouvelle constitue le chemin du développement fulgurant de Safane.

L'ouvrage est structuré en 8 chapitres. Dans le chapitre I, je présente Safane, village béni, mystique et mythique. Dans le chapitre II, je présente les confidences inédites de la célèbre star Telly Sadio du Football de Balantacounda des années 1990. Dans le chapitre III, je présente le personnage « Grand Ndiaye » dont parle la star Telly, avec beaucoup de respect et de considération. Dans le chapitre IV, je présente la révolution mentale de Safane. Dans le chapitre V, je présente le suivi de la révolution. Dans le chapitre VI, je présente la puissance motrice de la révolution. Dans le chapitre VII, je présente le premier essai d'envol politique de Safane. Dans le chapitre VIII, je présente le projet d'université de la révolution mentale de Safane.

CHAPITRE I

PRÉSENTATION DE SAFANE

Présentation géographique

Safane est un village de Balantacounda[1], « un bas plateau forestier découpé par de petits marigots orientés du sud vers le nord ». Coincé entre le fleuve Casamance et la frontière bissau-guinéenne, le Balantacounda s'étend d'ouest en est, de la commune de *Goudomp* au marigot de *Binako.*

Safane est situé au cœur de Balantacounda Centre. Il est distant[2], environ à vol d'oiseau, de 20 km de Goudomp, la capitale départementale au nord-ouest ; de 30 km de Sédhiou, la capitale régionale au nord-est ; de 100 km de Kolda à l'est ; de 70 km de Bissau (capitale de la République lusophone de Guinée-Bissau) au sud ; de 70 km de Ziguinchor à l'ouest ; de 80 km de Bignona au nord-ouest ; de 120 km du Cap-Skiring à l'ouest ; de 140 km de Banjul (la capitale de la République anglophone de Gambie au nord-ouest). Sa latitude est de 12° 29' 52"N, sa longitude de 15° 43' 14"W, son élévation de 26 m.

---

[1] Territoire occupé majoritairement par une ethnie appelée « Balate », situé dans le département de Goudomp, au Sénégal.

[2] Source : webographie.

Présentation spécifique

« Safane, dit l'éminent Chérif Léheibe Aïdara, Khalif général de la Famille chérifienne de Saré Mamady à Kolda, est un village béni, mystique et mythique. J'aime beaucoup ce village ![3] ».

Autour de ce « village béni, mystique et mythique », gravitent 29 autres villages dont quatre sont équidistants de 7,1 km, quatre autres de 6,6 km, 3 de 4,0 km ; deux de 6,2 km :

Bondali : 7.1 km north-west, Témanto : 7.1 km north-east, Kanempar : 7,1 km north-east, Mandina : 7.1 km west ; Tiare : 6.6 km north, Tiamlé : 6.6 km south, Krissime : 6.6 km north-west, Kaniko : 6,6 km south-east ; Sincab Tilidji : 4.0 km south, Assoumoul : 4.0 km south-west, Sibana : 4.0 km east ; Wédétiolé : 6.2 km south-west, Adioufa : 6.2 km north-west.

Viennent ensuite les autres villages :

Darsilam : 1.7 km north, Bani : 1.8 km north-west, Faraba : 2.3 km south-west, Souboude : 2.4 km east, Djimbana : 2.6 km north-east, Sédiouding : 3.1 km north, Sankadji : 3.6 km south-east, Kolane : 4.3 km north-west, Boukaour : 4.7 km north, Sonako : 4.9 km south-west, Diabikounda : 5.3 km south-east, Boutonghoul : 5.6 km south, Djimassar : 6.3 km north, Adjing : 6.9 km south-east, Pirgi : 7.3 km south, Tokossian (Tokandja ?) : 7.2 km west.

[3] Chérif Léheibe Aïdara à Safane, le 1er septembre 2021.

Parmi ces 29 villages qui orbitent autour de Safane, sept s'ouvrent sur ce village béni, mystique et mythique. Il s'agit de *Darsilami*, *Djimbana*, *Souboude*, *Sankadji*, *Semene*, *Faraba*, *Bani*. Safane a donc sept portes qui le connectent au Monde.

Présentation géostratégique

Au plan géopolitique, de par sa position stratégique, *Safane* avait abrité à l'avènement de l'Indépendance en 1960, le premier camp militaire postcolonial de *Balantacounda* sous le règne du Président Léopold Sédar Senghor. Le régime du Président Abdou Diouf maintiendra ce camp, le régime du Président Abdoulaye Wade le maintiendra également, avant de le supprimer au profit de la base arrière d'*Assoumoul.*

Au plan géoéconomique, sa position de base de lancement et de relais fait qu'il forme au nord, avec les villages de *Bani*, *Kolane*, *Simbandi*, *Mtérimbasse*, *Thiar*, *Diattacounda*, *Hamdallaye*, *Témento*, *Niafor*, *Sindima*, *Sibana*, *Souboude et Djimbana*, la Patte-d'oie de *Balantacounda*. En intégrant, au sud, le versant opposé vers la Guinée-Bissau avec les villages de *Faraba*, *Assoumounl*, *Thiamlé*, *Pirgi*, *Bëtongol*, *Sincab*, *Semaine*, *Adjing*, *Diabikounda*, *Saillan*, *Kossi*, *Kaniko*, l'ensemble forme un sablier dont le point de filtre est *Safane.*

Présentation historique

Selon la synthèse des travaux de recherche du Collectif des Élèves de Safane (CES) que son

Coordinateur Ousmane Sadio a remis à Seckou Ndiaye en janvier 2003, « Safane a été fondé vers 1840 par un habile chasseur, un homme de paix, sincère et bon, du nom de Djimbé Kimala Sadio, venu d'un village appelé "Soiré" en Guinée-Bissau. À sa mort en 1885 d'une mort naturelle, il fut inhumé dans un lieu sacré que les Safanois appellent "Mbouny". Son fils, Biguinthalé Nfanda Ntouné le remplace à la tête du village. »

Biguinthalé Sadio fut un chef pacifiste qui voulait faire de Safane un eldorado. C'est dans le règne de Biguinthalé vers 1900 que Safane sera reconnu au niveau régional comme un des villages les plus importants. Deux de ses fils, Yaye et Guidjérome firent la Première Guerre mondiale et revinrent sains et saufs. À sa mort vers 1921 d'un empoisonnement de son vin de la veille, il fut remplacé par Nfally Sadio.

Nfally Sadio fut le premier musulman du village, un chef pieux, plus rigoureux que ses prédécesseurs, honorable, brillant et généreux. Il faisait peur aux ennemis mandigues. Pendant la Seconde Guerre mondiale, il s'opposa à la mobilisation de ses « citoyens ». Il convoqua son peuple au « Bouny » et se fit épauler par l'Esprit de Djimbé Sadio, le fondateur du village. Sous son règne, d'autres ethnies vinrent s'installer à Safane. Ce fut d'abord les Peuls avec l'arrivée d'un commerçant du nom de Thierno Dia. Ensuite, l'ethnie mandingue avec Sidi Camara et Doua Seydi. Ces deux ethnies construisirent une mosquée dont Thierno Dia sera l'Imam. Vint ensuite l'ethnie manjak avec l'arrivée de Yambrousse Mendy suivi de Fara Mendy. L'ethnie manjak sera suivie par l'ethnie diola avec l'arrivée du commerçant Moussa Diemmé, puis de l'ethnie sarakhollé avec l'arrivée de Mady Sidibé ; de l'ethnie sérère avec le commerçant Djigane Faye et Seyni Ndaw ; puis de l'ethnie wolof avec l'arrivée du commerçant Ndiaye Thies, connu aussi sous le surnom ethnique de *Ndiaye Souroi* (Ndiaye le Wolof). À sa mort en 1951, Nfally fut remplacé par Moussa Sadio.

Moussa Sadio fut un chef dynamique, courageux et optimiste. Pendant son règne, Safane accueillit la première école française dans les années 1954.

Construite au cœur du Quartier islamique de Safane Tinda (le port de Safane), appelé aujourd'hui « Doumassou » (Le Bas Quartier), l'école fut contrainte de fermer ses portes faute d'élèves, les habitants préférant envoyer leurs enfants à l'école coranique.

En 1968, la Mission catholique de Témento revient à la charge et ouvre une école missionnaire au cœur du Quartier « Safane Tema ou Temassou » (Safane Centre).

À la mort de Moussa Sadio en 1984 à la suite d'une longue maladie, il fut remplacé par Bourama Sadio.

Bourama Sadio continue l'œuvre de ses prédécesseurs en voulant faire de Safane un village moderne. Il se bat et obtient une école publique à Safane qui voit sa première pierre posée le 24 avril 1996, et est inaugurée le 30 novembre 1996. À sa mort en 2000, il fut remplacé par Illiyassa Kéba Sadio[4].

Illiyassa Kéba Sadio était un chef plein de bon sens qui aurait pu faire de grandes choses, mais qui, malheureusement, à force de s'attirer la haine de son peuple, celui-ci finit par lui préférer le fils aîné de son prédécesseur Bourama Sadio.

À la mort de Bourama Sadio, c'était Malamaine Sadio, le fils aîné de Moussa Sadio qui devait prendre le pouvoir.

Illiyassa refusa cette nomination au motif que la chefferie du village revenait de droit à sa famille. Son grand-père l'avait cédée à Nfally Sadio qui comprenait la langue des autorités étatiques de l'époque, pour qu'il gère les affaires du village. À sa mort, ses enfants ont hérité illégalement du pouvoir.

Sa famille n'avait rien dit par respect pour leur âge. Puisqu'ils sont de la même génération, lui, et le prince héritier Malamine Sadio, il reprend légitimement le pouvoir. C'est ainsi qu'il avait pris

[4] Ousmane Sadio, *CES (Collectif des Élèves de Safane)*, 2003.

les commandes du village à la mort de Bourama Sadio.

La méthode du gouvernement d'Illiyassa Kéba Sadio sera de plus en plus contestée. Des voix isolées interpellent et finissent par convaincre Mamadou Lamine Sadio qui résidait en Gambie de revenir prendre les commandes du village.

Illiyassa Kéba Sadio livrera une vraie bataille pour conserver le pouvoir. Il irait jusqu'à dire, au cours d'une Assemblée du village, que toute personne qui tenterait de lui reprendre la chefferie succombera.

Cette phrase aurait choqué Mamdou Mansall, un autre de la génération d'Illiyassa Kéba Sadio et de Malamine Sadio, qui se retourna vers Mamadou Lamine Sadio et lui dit :

- *Ugnom ka ?* (Oses-tu ?)
- *Ngnom !* (J'ose !)
- *Jed fi !* (Prends-le ![5])

Illiyassa Kéba Sadio comprit que la guerre de génération d'âges fut déclarée, et que les deux de sa génération furent avec son jeune adversaire Mamadou Lamine Sadio. Il déposa les armes.

Le 10 octobre 2006, Mamadou Lamine Sadio fut institué 7e chef du village de Safane.

De 2000 à 2003, Safane, cet exemple par excellence de la belle Afrique des villages, va vivre

[5] Le pouvoir.

sans vie. La population bouderait les réunions convoquées par le chef Illiyassa Kéba Sadio qui aurait fini par ne plus en convoquer.

CHAPITRE II

CONFIDENCES DE LA STAR TELLY

Cheikh Ahmadou Telly Sadio[6], tout le Balantacounda était unanime sur ton talent de footballeur hors pair.

[6] Questions de Seckou Ndiaye.

1° Qui étaient tes coéquipiers dans l'équipe de Safane de ton époque ?

2° Quelles étaient tes impressions avant, pendant et après un match ?

3° Y avait-il dans le Balantacounda des joueurs aussi talentueux que toi ?

4° Peux-tu dérouler ton palmarès pour l'Histoire de Safane ?

5° Quel est ton plus grand regret dans ta carrière de footballeur ?

6° Quel message peux-tu adresser aux futures générations ?

« Mon grand Ndiaye. Je suis vraiment très enchanté de répondre à vos questions qui me concernent et concernent la discipline du football en particulier et du sport en général. Vous m'avez posé des questions très pertinentes, intéressantes et importantes pour moi. Je dois vous répondre. »

1° « Dans la célèbre équipe de Safane des années 1990, l'équipe titulaire était composée comme suit :

11	9	7
Ariston Mansaly	Bourama Tché Diatta	Kéba Sadio

10
Cheikh Ahmadou Telly Sadio

6	8
Malang Tchomma Mané	Malang Karmo Mansaly

3	4	5	2
Mamoudou Diallo Sadio	Dembo Seydi	Insa Patcheco Diatta	Junior Almamy Mané

1
Abdou Mansaly

Remplaçants et postes occupés

Pape Abou Sadio : N° 1 Soutouma Doudou Sadio : N° 2 ou 3 Valentin Mané : N° 2 Nouah Apio Sadio : N° 6 Mamadou Lamine Sadio : N° 11	Youssoupha Diatta : N° 9 Le Petit Jean-Pierre Mansaly : N° 7 ou 11 Alfred Telou Mendy : N° 2 ou 3 Sekou Sadio : N° 6, 8 ou 10

Les rôles spécifiques du 6, 8, 10

Le classement 4-2-4 se pratiquait encore quand je suis arrivé dans le monde du football.

Je portais le N° 10, et je faisais à la fois partie du milieu, et de l'attaque de par le rôle de plaque tournante que devait remplir ce numéro : être serviteur, technicien et buteur : le noyau, la machine, le moteur de l'équipe.

Ma chance était qu'à chaque match, je voyais l'occasion qui me permettait de marquer, je connaissais très bien les buts. De plus, j'avais des dribles limpides et c'était la raison pour laquelle à chaque fois que je prenais le ballon, il était très difficile que les défenseurs adverses le reprennent.

Le 10 est un élément de l'équipe qui doit rester libre pour organiser le jeu : récupérer la balle, percer et la donner à l'attaque ; ou continuer en dribles jusqu'à marquer, si l'attaque est mise en difficulté par les défenseurs de l'équipe adverse. C'est parce qu'il fait partie aussi de l'attaque, qu'il peut, en technicien polyvalent de l'équipe, de temps en temps, « voler » les différentes positions et surprendre ainsi l'équipe adverse.

Moi, je marquais des buts à chaque match, parce que je connaissais une position de but. Je n'avais pas de tir de marque. C'est-à-dire, je n'étais pas un joueur « tire, marque », mais « drible, marque ». Je marquais par drible, Dieu m'avait fait ce don. Voilà pourquoi je faisais partie des meilleurs buteurs de Balantacounda.

Le 10 n'est donc pas, de par sa fonction et son rôle, l'attaquant de pointe. C'est le 9 qui est placé là pour gêner les défenseurs et marquer des buts à la moindre occasion. Il doit être vigilant, aux aguets, à l'affût de la moindre occasion à transformer en but, donc rapide, et tire bien, pour pouvoir marquer à chaque occasion.

Le 6 a un rôle spécial de déconstruction de l'attaque adverse et de reconstruction de l'attaque interne. Il doit être dur. Il est, dans ce classement, 4, 2, 1, 3 le 5e défenseur, comme le 10 est le 4e attaquant.

Le 8 est là pour récupérer et donner des passes. Il joue le rôle de courroie de transmission.

Les trois nos 6, 8, 10 constituent le cercle tournant, le maillon central d'interférence et de distribution de l'énergie du jeu.

C'est pour cela que quand le 6 flotte, le 8 flotte aussi, l'équipe a des problèmes, quel que soit le talent du 10. L'attaque adverse passe, l'attaque interne ne peut pas se construire. L'équipe devient une passoire de buts.

Ce cercle du milieu est comme un bouclier qui permet à la défense d'organiser la relance. Voilà pourquoi on entend parfois la défense crier « He, le milieu, descendez ».

Mais même si tout le monde descend, le 9 reste toujours là-bas, en haut, retenu par sa gourmandise de buts, à l'affût de la moindre occasion à concrétiser.

Le n° 10 fait ainsi partie à la fois de l'attaque et de la contre-attaque. Sa mission : renforcer l'attaque ou réorganiser la contre-attaque.

C'est pourquoi quand une équipe a un très bon 10, l'équipe adverse cherche à l'empêcher de s'exprimer, le pousse parfois même à commettre des erreurs qui peuvent l'amener jusqu'à obtenir un carton rouge et à être exclu du jeu, si elle ne le blesse pas.

En général, le 10 est le point vers lequel tous les regards convergent et s'irradient.

Oui, mon grand Ndiaye, c'est vrai, ton petit Telly rêvait d'être professionnel à l'époque, pour reconstruire d'abord le mur de sa famille, et rebâtir ensuite Safane tout entier, son village natal. J'ai des larmes aux yeux en disant cela aujourd'hui !

Mon grand Ndiaye, le sort de ton petit frère Telly, pour l'éducation scolaire et le football qu'il aimait tant surtout, dépendait des moyens financiers, et il n'en avait pas !

Je pensais vraiment à vous, mais je n'avais pas l'occasion d'avoir vos contacts téléphoniques, ni ceux de Bala, ou de Mamadou Ndiaye.

Grand, le Foot m'impressionnait beaucoup à l'époque, c'est vrai, et il m'avait aussi beaucoup rongé le cœur. Aujourd'hui, mon regret est que j'ai manqué les deux choses à la fois : je n'ai réussi ni à l'école, ni au football. Je l'ai regretté parce que je n'avais pas de soutien, ni pour l'un, ni pour l'autre !

J'aimais tellement le football qu'au lycée à Ziguinchor, par exemple, quand l'heure des entraînements arrivait et que le professeur continuait encore le cours, je n'entendais et ne voyais plus rien autour de moi. J'étais en classe, mais au terrain d'entraînement de Néma. En fait, j'étais partout et nulle part.

Mes impressions avant, pendant et après un match

Mon grand frère Ndiaye Seckou, vous m'avez posé trois questions : « Mes impressions avant le match, pendant le match, et après le match ? » Je vais y répondre point par point. Avant le match, Monsieur Ndiaye, moi, Telly, à la veille d'un match, à partir de 20 heures, aucune personne ne peut dire qu'elle voyait Telly dehors. Car après les entraînements, pour bien préparer le match du lendemain, Telly, à 20 heures, récupérait, et il était au lit. Si vous demandez aux gens qui me connaissent, ils vous diront ce que je viens de dire.

Je ne sors en général après le match que quand je gagnais. Quand je perdais, il était difficile de voir Telly dehors. Je pensais beaucoup aux fans et il était normal que je pense à eux, parce qu'ils étaient mes supporteurs, ils m'aimaient beaucoup.

Je pensais pour réussir le match qu'ils attendaient de moi. C'était la cause pour laquelle après les derniers entraînements, c'est-à-dire la veille d'un match, je devais récupérer, me laver, manger bien, me coucher très tôt, et penser au match du lendemain.

Safane était non seulement mon équipe, mais aussi mon village, et pas mon village de résidence seulement, mais le village qui m'a accueilli en ce monde, m'a bercé, m'a nourri, m'a éduqué, m'a initié, m'a soutenu, m'a accompagné, jusqu'au stade où je suis, c'est-à-dire en devoir de lui régler ma dette. C'était ma vision des choses et je ne crois pas que je me trompais. Je devais tout faire pour hisser très haut les couleurs de ce village. Parce que j'aime beaucoup Safane !

Oui, c'était comme ça ma préparation d'un match, mes impressions avant le match que vous demandez.

Je préparais le match avant le match, ce qui était normal, parce que quand on aime une chose ou bien on pratique une chose, il faut être vraiment discipliné en premier lieu.

Quand je préparais un match, ou bien quand j'avais un grand match, non seulement un grand match, mais quand j'avais un match le lendemain, je le préparais en conséquence. Après les derniers entraînements comme je l'ai dit, je me préparais, je me lavais, je mangeais bien, je me couchais très tôt, pour penser au match et récupérer mes forces, toutes mes forces.

Je pensais surtout aux vieux qui me supportaient, qui m'aimaient beaucoup, aux supporteurs qui n'étaient pas des gens de Safane, et qui m'aimaient aussi beaucoup, qui voulaient regarder Telly le lendemain. Je pensais aussi aux filles qui me supportaient beaucoup, parce que je leur faisais beaucoup plaisir. C'était la cause pour laquelle *Telly respectait beaucoup son devoir.*

Mon cher grand frère, son excellence, Monsieur Seckou Ndiaye, je vous remercie, une fois de plus encore, de m'avoir permis de livrer ces vérités historiques, qui sommeillaient en moi, pour la postérité.

Pendant le match, moi, Telly, avant le coup d'envoi, je remerciais d'abord le Tout-Puissant Créateur Dieu Allah. Je soulevais mes deux bras, pour lui dire : « *Allah, aidez-moi. Aujourd'hui, c'est Safane qui joue, et c'est Telly qui est sur le terrain. Il faut l'aider, parce qu'il a des fans derrière lui.* »

Après cela, je rejoignais mes fans à la ligne de touche et cela avant le coup d'envoi. Je revenais ensuite voir tous les joueurs de mon équipe, qui étaient dans le terrain, je leur faisais, chacun, une bise, sous les cris de mes fans. C'était leur fonction, leur devoir, mes fans, parce qu'ils m'aimaient beaucoup, et me rappelaient, par leurs cris, que je devais accomplir mon devoir. Ils étaient contents en général, parce que je ne les ai jamais déçus.

Avant le coup d'envoi toujours, parce qu'on était encore sur le terrain, je me voyais avec mes collègues et je leur disais : « Ici, c'est Safane qui joue, et on est là pour gagner ! On n'est pas là pour perdre ! On a des gens qui sont là pour nous regarder. Il y a parmi eux ceux qui se sont déplacés et qui ne sont pas de Safane, ils sont venus nous regarder. Ce sont nos fans et il faut jouer pour les couleurs de Safane. »

Je motivais ainsi tous les joueurs de mon équipe qui étaient sur le terrain, tous et chacun. Je terminais par le gardien vers lequel je me dirigeais enfin pour lui donner quelques tapes amicales, et lui dire : « *On va battre, je suis devant, ne craignez rien,* ***Inch'Allah***», toujours sans oublier Dieu. Et on gagnait !

Grand Ndiaye, moi, je jouais avec la Foi, je jouais avec un cœur de Lion, et je jouais aussi pour Safane. Parce que quand je regardais devant, derrière, à droite et à gauche et voyais les vieux qui s'étaient déplacés, avaient tout arrêté, laissé leurs occupations « Ndessane [7] », pour venir uniquement regarder le match qui va se jouer, et peut-être superviser Telly sur le terrain. Cela me faisait pleurer de détermination.

Je sentais au fond de moi que j'avais un problème que je devais résoudre, et cette seule pensée me poussait à jouer avec un cœur de Lion.

C'est peut-être ce que les gens ne comprenaient pas. Et c'était peut-être la raison pour

---

[7] Expression de compassion.

laquelle certains me disaient parfois *« Toi, tu es un Diable rouge »,* et c'est peut-être la raison pour laquelle aussi d'autres disent encore aujourd'hui *« Quelle personne pouvait faire ce que Telly faisait à son époque ? ».*

Moi, je jouais seulement avec la Foi, et je jouais pour ne pas décourager la jeunesse, nos vieux, nos supporteurs, mes fans ; et je jouais pour mon avenir, pour être quelqu'un demain. C'était ça qui était et animait mon esprit à l'époque. Tout cela est vieux maintenant, « l'homme propose, Dieu dispose ».

Mon esprit était d'être, comme je vous l'ai dit, professionnel, pour aider Safane, ma famille et m'aider moi-même. Mais, la vie continue : Telly était et est là toujours pour Safane. J'avais fait tout pour Safane, je continuerai à faire tout pour Safane.

Quand je jouais, je jouais avec le bon cœur, pour Safane. Je ne jouais pas pour Telly. Je jouais pour Telly après.

Je jouais d'abord pour Safane et les villages environnants, sans jamais oublier que c'est Safane qui occupait la place centrale dans mon cœur !

Si je vous donne un exemple, à l'époque de votre temps, Faraba n'avait pas de terrain de foot, ni Bani, ni Darslam ou Djimbana.

Aujourd'hui, ce sont ces villages-là qui battent Safane, et cela ne dérange aucun jeune. Tout le problème est là pour moi : l'absence totale d'ambition. À notre époque, on jouait pour gagner et on gagnait à chaque rencontre.

À l'époque de ma génération, Safane n'avait pas perdu plus de quatre matchs toutes compétitions confondues.

Dans tous les matchs où j'ai joué dans l'arrondissement ou la Communauté rurale de Diattacounda, Safane n'avait jamais perdu.

C'était un match nul, ou bien on gagnait et à chaque match, j'avais droit de marquer, c'était mon devoir et j'avais le droit de le faire, parce que j'avais la volonté, et Dieu m'aidait dans ce sens.

Pour moi, avant le match c'était le match, pendant le match c'était le match et après le match c'était le match. Tous ces moments, je les considérais comme des matchs.

Seckou Ndiaye, grand, vraiment, le football, c'était ma passion. Telly, quand il perdait un match, il faisait pitié. Il pleurait. Oui, je pleurais beaucoup. Quand Safane perdait un match, cela me frappait beaucoup. Je ne pouvais jamais retenir mes larmes. Parce que voyant tout ce que je fournissais sur le terrain, et voir encore quelle équipe a battu Safane, cela me poussait encore à verser des larmes.

Mais, après le match, quand on me battait, je remerciais Dieu, quand je gagnais, je remercie aussi Dieu. J'avais cette foi en moi.

Je devais le faire, et je le faisais : remercier Dieu qui crée, donne, reprend. C'était la cause pour laquelle, avant d'entrer sur le terrain, je demandais « Dieu, aidez-moi… ». Quand je perdais, je remerciais Dieu, quand je gagnais, je le remerciais aussi.

Quand je perdais un match, moi, Telly, je devenais furieux. Arrivé à la maison, je me privais de dîner. À l'heure du dîner, quand mes frères se demandaient où est Telly, j'étais dans mon étau. Quand Papa demandait à son tour où est Telly et que mes frères lui répondaient « il est dans sa chambre », il disait d'un ton coléreux « Mangez tout, il n'a pas faim ». Même si je mangeais, je n'aurais eu aucun appétit.

C'était pour montrer aux gens que Telly avait un cœur de Safane, Telly jouait pour Safane, et pour son avenir, pour être quelqu'un demain, servir d'exemple ou être une référence pour les futures générations de Safane.

Aujourd'hui, je ne vis pas à Safane, mais quand je m'y rends, les vieux me regardent encore avec fierté, me parlent avec beaucoup de considération, nous discutons, et cela me fait revivre aussi des souvenirs de cette époque glorieuse de Safane.

Parce que tout simplement quand j'étais Telly, c'est-à-dire quand je jouais à Safane, j'avais un grand respect, parce que je respectais les vieux, les fans, les mamans, les jeunes garçons, les jeunes filles, et je jouais pour Safane. C'est pour cela que j'avais un grand respect à Safane jusqu'à nos jours.

Cela montre aussi que si les jeunes générations ne font rien pour Safane, ils n'auront rien de Safane, et je me suis posé la question : « Pourquoi ils ne font rien pour Safane ? »

Je remercie une dernière fois Allah, Dieu Le Tout-Puissant, et vous remercie aussi, mon grand frère, de m'avoir invité sur ce plateau, avant ma disparition.

Je suis très ravi et très content, vraiment, de pouvoir livrer à la postérité ce que je pense réellement de cette discipline que j'ai tant adorée : le football !

Ce que j'ai à conseiller aux nouvelles générations, c'est d'abord d'être très disciplinés, parce que la discipline, c'est tout. Une personne sans discipline n'est rien. Il faut être discipliné, avoir un bon cœur, et un cœur de lion qui bat pour Safane. Quand ils jouent sur le terrain, ils doivent savoir que c'est Safane qui doit gagner, avoir un cœur comme Telly, ou comme Insa Patchéco, et d'autres, etc.

À l'époque de notre génération, c'était vraiment difficile, difficile d'avoir des godasses comme je l'ai déjà dit, difficile d'assurer le ravitaillement d'un regroupement de préparation d'un match.

Aujourd'hui, les nouvelles générations ont tout grâce à DSCAS (Djimbé sportif, culturel et artistique de Safane), sauf savoir ce qu'ils veulent. Ils ne peuvent donc avoir d'ambition, s'ils ne savent pas ce qu'ils veulent. Ce qui justifie la régression de Safane, et explique la souffrance du patriotisme.

À notre époque, nous nous levions parfois à 7 heures pour aller au champ, cultiver jusqu'à 17 heures ou 18 heures, avant que l'autorité paternelle ne nous libère, et nous foncions aussitôt pour aller aux entraînements où nous devions nous entraîner dur encore pour un match qui nous attendait demain.

Avec toute cette rudesse de la vie que nous menions, nous respections les règles de la discipline, nos aînés et nos supérieurs, ce que les nouvelles générations refusent de faire aujourd'hui. S'il y a un conseil que je dois leur donner, c'est celui-là d'abord : la discipline et le respect de l'ordre hiérarchique.

Le deuxième conseil que je leur donne est qu'à chaque fois qu'ils veulent participer à un tournoi, ils se réunissent, ils achètent des colas, se rendent auprès des vieux, et leur demandent de prier pour eux.

Nous, autant, c'était cela que nous faisions. Oui, quand il s'agissait d'un championnat comme les « Navétan »[8], nous achetions des colas pour les trois ordres religieux : traditionnel, chrétien et musulman.

---

[8] Compétition footballistique des grandes vacances au Sénégal.

Là où on partait, il n'y avait pas de problème, on gagnait, on faisait un match nul ou revenait comme on était partis, c'est-à-dire en bonne santé.

Nous nous entraînions très bien malgré le fait que nous allions au champ très tôt le matin et revenions très tard le soir, pour aller nous entraîner ensuite très durement et préparer un match qui devait avoir lieu le lendemain. Ce qui était très pénible. Aujourd'hui, il semblerait que les jeunes ne veulent pas s'entraîner. Comment gagner une compétition si on ne s'entraîne pas ?

Moi, Telly, en question, parfois on me demandait, à l'époque où je jouais, « Quel est le secret du football ? » Je donnais toujours la même réponse : « L'entraînement ! ».

Le football n'a pas de secret, son seul secret c'est l'entrainement. Si tu t'entraînes, tu as tous les secrets. Aujourd'hui, tu apprends une technique que tu n'avais jamais connue, demain, tu apprends, après-demain, tu apprends d'autres techniques, ainsi de suite, ce qui ne peut que t'arranger.

Le secret d'un grand Footballeur, c'est l'entraînement : s'entraîner, toujours s'entraîner, et encore s'entraîner, beaucoup, et bien. Si tu ne t'entraînes pas, tu ne peux pas gagner un match. C'est aussi simple et vrai que la vérité mathématique 1 + 1 = 2, quel que soit le temps qu'il fera. C'est la loi fondamentale de la réussite.

Voilà ce que je peux donner comme conseils aux jeunes générations d'aujourd'hui et à venir. Ils doivent vraiment respecter les entraînements, respecter l'encadrement, respecter l'entraîneur, respecter les fans, les parents, les vieux qui viennent les voir évoluer sur le terrain.

De nos jours, quand un jeune fait une erreur sur le terrain, on lui parle, il commence à donner des signes d'incorrection. Nous ne connaissions pas cela à notre époque.

À notre époque, même les vieux venaient nous voir aux entraînements. Ils nous donnaient des conseils : « Fais ceci, fais cela ». Nous les écoutions avec respect et considération.

Quand nous avions un match le lendemain, personne de l'équipe n'osait sortir la nuit. Nous respections ce que nous avions décidé aux entraînements : ne pas sortir pour récupérer au maximum toutes nos forces. Après le match, chacun était libre, mais pas avant.

C'est cette rigueur-là qui manque aux jeunes générations. Je leur demande de revenir à la discipline du travail bien fait.

Après ma génération, je voulais que quelqu'un prenne ma relève, mon héritage. Je voulais qu'actuellement on dise qu'il y a à Safane, un gosse plus fort que Telly. Mais je ne l'ai pas vu.

Je fournissais beaucoup pour Safane. Je m'entraînais beaucoup pour Safane, et c'était pour cela qu'on parlait de Telly. Si je ne faisais pas d'effort pour Safane, on ne parlerait pas de moi. Voilà le secret du mystère de mon talent, le talent du « diable rouge de Safane » !

Les stars de mon époque

Grand frère Seckou Ndiaye, vraiment je suis très content et je vous remercie une fois encore de plus, du fait d'avoir voulu me poser des questions, ça me fait beaucoup plaisir. Car c'est pour le développement de Safane et même du Balantacounda. J'ai vu votre effort, vraiment, seul le bon Dieu va vous payer. Dieu va vous payer !

Pour la question concernant d'autres stars de mon époque, je vais vous citer Ismaïla Kandé de Goudomp. Il était très bien, il jouait très bien lui aussi, et on se connaissait très bien. Quand je jouais à Goudomp, nous étions amis, les deux stars, mais il n'était pas plus talentueux que moi.

À Goudomp, ils avaient entendu que dans la zone de Diattacounda, il y a un certain Telly qui est très bon. C'est ainsi que l'AS Hamdallaye de Goudomp, m'y avait fait venir pour jouer sous ses couleurs. Et c'est ainsi que Ismaïla Kandé et moi, nous avons pu nous connaître, et devenir amis. Nous nous rencontrerons plus tard à l'« Avenir de Kolda » où je le retrouverai. Il était talentueux, mais il n'était pas plus talentueux que moi.

À Brikama, il y avait un certain Issa Sadio. Il était très bien, mais il n'était pas plus talentueux que moi.

À Djibanar, il y avait Boy Coco qui était très bien lui aussi, mais il n'était pas plus talentueux que moi.

À Simbandi, il y avait Amadou Faty qui était très talentueux aussi, mais il n'était pas plus talentueux que moi.

À Mandina, il y avait Badou Diatta qui n'avait pas fait une grande carrière, parce qu'il avait trouvé que nous régnions dans tout le Balantacounda. Les gens lui disaient « *Badou, tu es venu avec une force, mais il y a Telly qui est là* ». Il ne pouvait pas faire une grande carrière et a fini par partir à Dakar. Mais il jouait très bien.

À Boukaour, il y avait Youssouf Diatta avec qui j'étais en classe de CM2 à Safane, en 1978-1979.

À Thiar, il y avait Thomas qui était débrouillard, je m'excuse du terme.

À Térimbasse, il y avait le feu Ouri Sadio qui me connaissait et respectait beaucoup.

Vraiment grand, je vous remercie, je suis plus content que vous, à chaque fois que vous me posez des questions sur le parcours footballistique de mon temps. N'hésitez donc pas à m'en poser. Je ferai de mon mieux pour vous répondre.

À Diattacounda, il y avait Ansoumana Sadio, on l'appelait Kapi Ansoumana, on a partagé les mêmes bancs à Ziguinchor.

À Bambaly, il y avait le feu Malag Diatta. On l'appelait Malag Dosé. C'est lui qui régnait avant Sadio Mané qu'on connaît aujourd'hui. Lui et moi, on avait même partagé encore le même club à Ziguinchor. Il jouait très bien, tout le monde le connaissait, mais lui aussi, il me disait « *Telly, toi, je te respecte* ». Et il me respectait beaucoup.

À Farancounda Boudhié, il y avait le feu Mamady Sadio. Lui aussi, il était talentueux, on se connaissait à Ziguinchor, on était dans le même quartier. Comme on n'était pas du même côté, je jouais sur la rive gauche du fleuve Casamance à Balantacounda, lui sur la rive droite à Boudhié, nous n'avons pas pu nous rencontrer sur un terrain de compétition. Il m'a, lui aussi, respecté. Un jour, il m'appelle et me dit : « *Telly, j'ai entendu ton nom, tes exploits, je veux qu'on soit des amis* ».

À Samine, il y avait Thierno Biaye qui était dans le même quartier que moi à Ziguinchor, on s'entraînait ensemble, on se connaissait très bien. C'est lui-même qui m'a demandé, après la fermeture des classes, un match amical entre Samine et Safane. Thierno était très talentueux, mais il n'était pas plus talentueux que moi.

Telly a été combien de fois meilleur buteur et meilleur joueur ! Parce que je marquais quand je voulais, parce que je jouais avec un cœur de lion comme je vous l'ai déjà dit. C'est ce qui amenait certains à me qualifier de « Diable rouge de Safane ».

À l'époque de ma génération, on se connaissait, nous les talentueux, nous les Stars entre parenthèses. Parce que c'est vrai, il y a des talentueux, il y avait des joueurs qui avaient du talent, mais ils n'étaient pas plus talentueux que moi. Cela, je peux oser le dire, même n'importe où dans le Balantacounda. Même si je ne le dis pas, quelqu'un dans le Balantacounda de l'époque peut dire : *« Telly, à son temps, dans le Balantacounda, n'avait pas de pareil ».*

Dans notre communauté rurale, Safane avait un Chat qui s'appelait Telly, et tout le monde le connaissait : c'était le meilleur buteur, le meilleur joueur.

L'année 1989, c'était Amadou Faty qui était le deuxième meilleur buteur. Telly était le premier.

En 1990 encore, à la phase arrondissementale, c'était moi, Telly, qui étais nommé meilleur buteur et meilleur joueur de l'année. Parce que j'avais marqué quinze (15) buts, et Amadou Faty n'avait marqué que neuf (9). Il était talentueux, mais il n'était pas plus talentueux que moi.

Mon grand frère Seckou Ndiaye, l'échec de votre petit frère Telly vient des Sénégalais de Safane qui vivent en Europe.

Je m'explique : Telly à l'époque, toute la Casamance ou bien tout le Balantacounda parlait de lui. Il y avait des Franknabé, c'est-à-dire des Safanois qui vivaient en France, qui venaient parfois en vacances, et entendaient le nom de Telly.

De plus, j'avais des frères et des amis qui ont vécu l'ère Telly dans le Balantacounda, avant qu'ils ne partent en Europe.

Ils savaient que Telly était quelqu'un qui pouvait faire tout pour Safane, et qui était le cœur de Safane. Mais ces gens-là ont abandonné Telly !

Pourtant, certains d'entre eux m'avaient promis, me disaient : *« Telly, tu auras tout, Telly, tu vas régner dans tout le monde, et tout le monde va t'entendre »*. Et cela n'a pas été fait ! Je me repose encore la question « *Pourquoi ?* ».

Mon échec, c'est vrai, parce que j'avais confiance à des amis, avec qui j'avais passé l'enfance à Safane, sans citer leurs noms, je n'avais rien vu de leur aide à mon époque.

Grand, je voulais expliquer tout, pour que vous puissiez me comprendre.

Ces gens sont natifs de Safane, et Telly est natif de Safane. Ils avaient vu que Telly, en matière de football, n'avait pas de problème.

Tout Balantacounda parlait de Telly à l'époque, avant qu'ils ne partent en Europe. Ils devraient faire tout pour Telly. Mais dommage, ils n'ont rien fait pour Telly, ils n'ont rien fait pour Telly !

Si aujourd'hui Telly n'a pas été un grand type, peut-être en Europe, je dirai que c'est peut-être à cause de Dieu, ou bien peut-être c'était ma chance qui n'était pas en Europe.

Telly était quelqu'un qui pouvait faire quelque chose pour Safane, malgré le fait que le football n'était pas à l'époque très connu comme il l'est devenu aujourd'hui.

En Europe, il y avait des Noirs, et Telly aurait pu tenter sa chance, si ses amis avaient joué la carte de l'amitié. Telly aurait pu faire quelque chose pour Safane, leur village à tous, et au-delà, pour leur pays. C'est ça que Telly de l'époque n'avait pas eu.

Mon palmarès

Je m'appelle Cheikh Amadou Telly Sadio, fils de Bourama et de Kady Biaye. Je suis né le 3 mars 1968 à Safane.

Mais quand je faisais le cours moyen deuxième année (CM2) à l'école primaire de Safane en 1980, il me fallait diminuer mon âge de trois ans. Donc, à noter que Telly est né le 2 mars 1971 à Safane. C'est cette date-là qui est dans mes dossiers, dans mon extrait de naissance.

Mon cher grand frère Ndiaye, une fois encore de plus, je vous remercie de tout cœur, pour tous les efforts que vous menez pour rendre l'existence de notre village Safane visible dans le monde.

Mon grand frère Ndiaye, vous savez que Safane était un village de football, qui, chaque année, organisait des tournois intérieurs de « Navétan », qui regroupaient tous les footballeurs du village et même des villages voisins. La DSCAS[9] participait à toutes les compétitions du Balantacounda et même de la région.

Devenu sport universel, le football est bien pratiqué partout, dans les stades des villes, les places des villages, et même dans les ruelles tortueuses des petits villages des campagnes les plus reculées du monde.

Aujourd'hui, Son Excellence Ndiaye Seckou, le foot est le jeu qui regroupe le plus d'adeptes sur notre Planète, dans un grand esprit de fair-play, de fraternité et même d'amitié.

Mon grand frère Ndiaye Seckou, je vous fais savoir que j'étais un amoureux du football depuis ma jeune enfance, et j'ai eu à donner des victoires et parfois des trophées dans chaque pool où j'avais évolué, à mon grand honneur. Et c'était une consécration pour moi Telly, étant grand artiste du football par vocation.

Jadis, votre petit frère Telly a appris tout seul à taper sur le ballon, d'abord sur des citrons, des oranges ou des pamplemousses pourris ; ensuite sur des balles de chaussettes fourrées les unes dans les

[9] Djimbé sportif, culturel et artistique de Safane.

autres ; ou remplies de morceaux de chiffons pour obtenir une forme de ballon à jouer.

Je le faisais depuis mon tout petit âge, et à tel point que les souvenirs me sont restés dans la tête aujourd'hui, jusqu'aux dernières années de mes succès.

Cheikh Amadou Telly Sadio était unique dans l'histoire du football des années 1990 de Safane en particulier et de Balantacounda en général.

Mon cher grand frère, vote petit frère a débuté ses marches, c'est-à-dire première sélection dans l'équipe de Safane, en catégorie Junior. C'était en 1978-1980.

Le premier match de Telly était bel et bien un match amical. Je me souviens très bien, c'était à Brikama Balante. Le score final était de 2 buts partout.

Quand j'étais junior, notre Safane demandait des matchs amicaux contre nos villages voisins de Faraba, Bani, Darsilami, Sédhionding, etc.

Mon cher grand, 1980 était la montée de votre petit frère Telly en première sélection de Safane en catégorie Sénior. Mon premier match amical était à Samine Balante. C'était une sortie de football plus une soirée dansante comme on le faisait souvent au village.

En sélection toujours Sénior, Cheikh Amadou Telly Sadio a joué beaucoup de matchs amicaux, et des matchs communautaires, avec des villages de Thiar, Boukaour, et Bambaly de Sadio Mané d'aujourd'hui, où à l'époque, c'était le feu Malang Dosé qui régnait ou était la star à Bambaly.

On faisait aussi des matchs amicaux avec Simbandi Balante à l'époque, avec Kougnara, et d'autres villages encore, etc.

Mon grand frère Ndiaye, en 1981, mes études m'ont transféré à Ziguinchor, où Telly n'hésitait jamais à montrer ses superbes talents, pendant les matchs d'interclasses dans mon établissement, le CES Malick Fall de Ziguinchor.

En 1981-1982, usant de ses grands talents, le jeune Telly a été courtisé par l'ASC de Ziguinchor, où il ne cessait de remplir son devoir pour les trophées.

En 1983, le village de Brikama avait invité Safane pour sa Semaine culturelle. Ce jour-là, Telly avait fait un grand miracle, lors de ce « match Brikama-Safane », et le score final était de 2 buts à 1, et c'était Brikama qui avait battu Safane, avec un but de Telly pour Safane.

Mon grand frère Ndiaye, votre jeune frère Telly a été sollicité par l'équipe du Casa Sport, c'était en 1983-1985. Et enfin en 1985, Telly a terminé sa saison au Casa Sport pour cause de santé, et de problèmes financiers. C'est ça qui avait causé son retour à Safane.

Grand Ndiaye, tournant la page pour le championnat de la zone 2 qui était organisé à Thiar en 1985, Telly et Safane remportèrent la première coupe de la zone 2 qui était organisée à Thiar comme je vous l'ai dit. Safane avait joué contre l'équipe de Boukaour en finale, et le score était de 3 buts à 2. C'est Safane qui avait battu Boukaour. Cette année-là, Telly était élu meilleur joueur.

En 1986, c'était le même tournoi de la zone 2, la 2e finale, Thiar a battu Djimansa sur le score de 2 buts à 1. Le même Telly a été élu meilleur buteur du tournoi.

À Simbandi, en 1987-1988, Telly a été sollicité par l'ASC MANSA. Il a remporté 3 trophées, une Coupe de l'Abbé de la Mission catholique de Simbandi, une Super Coupe, puis le championnat intérieur de Simbandi.

En 1989-1991, mon grand frère Ndiaye Seckou, votre petit frère était en exile dans la région de Kolda pour le football, sollicité par le Club « AVENIR DE KOLDA » en catégorie Junior, où il était parfois surclassé en Sénior.

Mon grand frère Ndiaye Seckou, revenant encore dans notre zone de Balantacounda, en 1989, c'était la première participation de Safane au championnat communautaire de Diattacounda. Safane a été éliminé en phase de Groupe, par magouille, mais c'est Telly qui était élu meilleur buteur avec 10 buts, devant Amadou Faty de Simbandi.

En 1990, c'était la 2e participation de Safane au championnat communautaire.

Safane a été battu en finale par Diattacounda sur le score de 4 buts à 2. Le jeune Telly était élu meilleur joueur, meilleur buteur.

J'avais marqué 15 buts. J'ai été honoré par le sous-préfet de Diattacounda d'une enveloppe et d'une médaille d'argent, malgré que Safane ait perdu, à cause de l'injustice d'arbitrage, du pauvre arbitre François Mendy de Boucaour.

En 1990, mon village Safane, bien qu'il ait été finaliste malheureux contre Diattacounda, s'était qualifié pour les phases arrondissementales à Goudomp.

Le 1er match, Telly, c'est-à-dire Safane, à Goudomp, a battu Brikama sur le score de 2 buts à 1 : 2 buts de Telly. Pour son 2e match, toujours à Goudomp à la phase arrondissementale, Safane a été battu par Goudomp, sur le score de 6 buts à 1, 1 but de Telly pour son Safane.

Malgré tout Safane a été éliminé en demi-finale, à cause de la même injustice du pauvre arbitre, le même François Mendy de Boukaour.

Monsieur Ndiaye, très célèbre pour son œuvre, votre petit Telly fut sollicité encore par AS Hamdallaye de Goudomp en 1991.

À Goudomp, Telly a remporté 5 trophées à son égard : une Coupe du Maire de Goudomp, la

Coupe des 4 Grands contre le village de Mangacounda, la Super Coupe de Goudomp, le Championnat intérieur de Goudomp et enfin la Coupe du feu Fodé Diatta de Goudomp.

En 1992, le jeune Telly Sadio traversa le fleuve Casamance pour le football au département de Bignana, dans l'arrondissement Diouloulou où il avait été sollicité par un club, l'ASC DAMEL.

Telly surprendra tous les acteurs et toutes les personnes de cette zone de Bignona.

Dans ce club de l'ASC DAMEL de Diouloulou, Sadio Telly remportera une seule coupe, perdra surtout la coupe de l'Arrondissement, puis le Championnat intérieur de Diouloulou, qui était joué entre son équipe l'ASC DAMEL et l'équipe DIAMANO.

Mais, en finale, il s'était retrouvé encore avec cette équipe du Diamano, que son équipe du Damel battra par 1 but à 0. C'était la seule coupe qu'il a brandie à Diouloulou.

En 1996, c'était l'exile de Telly en République anglophone de Gambie, toujours à la recherche d'une issue plus aboutie de sa carrière footballistique, conformément à son rêve : devenir un footballeur professionnel dont le monde entier parlerait et parlerait de son Safane natal.

1997-1999, Telly tentera sa grande chance en première division en Gambie, dans un club appelé FC CAIRA SILO où il aura une petite déception à cause d'un système de jeu qui leur faisait perdre des trophées. C'était le seul club où il n'avait remporté aucun trophée.

En 1998, il remporta la coupe du Tournoi de l'Ambassadeur du Sénégal en Gambie, avec son équipe nommée AFC BALANTA. La finale a été jouée entre AFC BALANTA et AFC DIAMORAL.

Telly et son équipe remportèrent la Coupe sur un score de 2 buts à 0. Diamoral se souviendra de Telly.

Monsieur Ndiaye Seckou, 1999-2008, c'était ma dernière signature et la fin de ma carrière, à l'AFC ZURICH de mon quartier qui s'appelle « Talinding » à Serakunda, Gambie.

Dans cette AFC, votre petit frère Telly avait fait feu et flamme, bien qu'il eut perdu deux trophées, et n'avait remporté que deux grâce à lui.

Son Excellence, Monsieur Ndiaye Seckou, malgré tous mes succès, moi, Telly, je me souvenais toujours des déceptions que j'ai eues à rencontrer dans ma carrière, des trophées que je perdais.

Monsieur Ndiaye Seckou, chose bien faite, votre petit Telly ne cessait toujours, et jamais, de remercier le Tout-Puissant Allah, Dieu, de lui avoir enrichi de ce grand palmarès, grand succès, et plein de souvenirs.

Grandes furent les surprises et la joie de Telly, quand il sut que son œuvre a été sélectionnée par vous, pour la postérité, pour sa dignité et sa bonté.

Le même Telly souhaitait toujours à ses héritiers, et à ses jeunes enfants, et surtout à tous les jeunes joueurs de cette génération nouvelle, une très bonne réussite, dans le métier de football, c'est-à-dire le sport en général.

Ce jeune Telly, devenu père de famille aujourd'hui, très chaleureux et enthousiaste, a toujours les notions du temps.

Mon Grand Ndiaye, Telly paraît aussi jeune, pour son âge, taille moyenne, le regard perçant, cœur ouvert à toute personne, car il était ainsi : un homme plein de bonté, au contact très facile, à tel point que, son Excellence, Monsieur Ndiaye Seckou, votre petit frère, Telly, aujourd'hui, est toujours respecté et considéré par ceux qui le connaissaient ou ont entendu parler de son talent à son époque, de ses qualités de jeune très combattif, très courageux, très discipliné et très ambitieux.

À l'époque, votre très cher Telly fut l'un des plus grands soigneurs de l'équipe de Safane, si bien que quand il était battu, il avait des yeux en larmes.

Grand Ndiaye Seckou, Telly a été éducateur et sportif. Le jeune père Telly aimait beaucoup jouer avec les petits enfants.

Ndiaye Seckou, Telly, de son âge, de son jeune âge, à son adolescence, il caressait les jeunes, et surtout les petits enfants, et ne cessait de leur donner des conseils, dans le seul but de faire naître en eux, très tôt, la mentalité pharaonique d'entrepreneur, de conquérant et de bâtisseur pour l'excellence historique de Safane.

Donc, bref, davantage, mon grand Ndiaye, mon très cher Ndiaye, vraiment, Telly, à son grand honneur, vous remercie beaucoup, et remercie aussi toute la jeunesse de Safane, tous ses fans.

Merci, merci, merci. Et je remercie aussi Allah, Le Tout-Puissant, qui m'a donné la vie jusqu'à nos jours. Merci, Grand Ndiaye, grand Frère Ndiaye. »

Ahmadou Telly Sadio, la star de tous les temps du football de Safane des années 1990, parle de Seckou Ndiaye avec beaucoup de respect, de considération et d'admiration. Qui est ce Seckou Ndiaye ?

CHAPITRE III

PERSONNAGE GRAND NDIAYE

« Grand Ndiaye », comme l'appelle Ahmadou Telly Sadio, la star de tous les temps du football de Balantacounda des années 1990, c'est bien entendu Seckou Ndiaye qui se définit lui-même comme *« un produit spirituel balante, biologique manjak, intellectuel peul et initiatique mandigue »* de Safane.

Il tire son origine de l'amitié de Kady Biaye, la mère de Cheikh Ahmadou Telly Sadio, qui a enrichi la pauvreté et embelli la laideur de sa mère Kanta Diokou.

Dans la Culture manjak, « une fiancée rend régulièrement visite aux parents de son futur mari. Elle y passe une semaine ou deux pour les aider aux menus travaux et se pénétrer des habitudes de la famille. À l'occasion de ces visites, c'est la première mère ou femme de la famille (Namaka Kato) qui la prend en charge pour l'initier aux valeurs et aux codes de la famille. Des relations de plaisanterie s'établissent entre elles »[10].

« Kanta Diokou », la mère de Seckou Ndiaye était à l'une de ses visites à Darsilam, chez *Fara Mendy* et sa première épouse *Ndingou Diokou* qui

[10] Amadou Moustapha Diop, *La Communauté manjak de France*.

étaient les parents sociaux de *Bacary Ntara Ndiaye*, son futur mari. C'est dans ce village que naquit un jour une amitié exemplaire entre elle et *Khady Biaye*[11], *la mère de Telly.*

Ce jour-là, il y avait une grande fête organisée à Darsilam. *Khady Biaye* qui était à l'époque doyenne des jeunes filles de Safane, conduisait son association au lieu de la fête. En passant devant une concession située au bord de la route principale du village, elle aperçut une jeune fille, jolie, belle, charmante et élégante.

« Bonsoir, jeune fille, lui dit-elle.

– Bonsoir.

– Comment vous appelez-vous ?

– Kanta.

– Kanta comment ?

– Kanta Diokou.

– Agréable nom ! Je voudrais que nous soyons amies.

– D'accord.

– Qui sont vos parents ?

– Fara et Ndingou Mendy.

– Je viendrai les voir.

---

[11] Elle s'appelait aussi « Mandiako Basse », de son surnom de maternité traditionnelle.

– D'accord. »

De retour à *Safane*, *Kady Biaye* alla voir le chef de village, *Mfally Sadio*, pour lui demander l'autorisation de lier amitié avec une jeune fille Manjak de la concession de *Fara Mendy* à *Darsilam*, répondant au nom de *Kanta Diokou*. Celui-ci lui donna sa bénédiction. Le lendemain, *Kady Biaye* alla voir les beaux-parents de *Kanta Diokou* qui lui donnèrent également leur bénédiction.

Fara Mendy avait son champ des cases et son champ du village à Darsilam, mais son champ de brousse était à Safane, qu'il louait à cause de la fertilité des terres de ce village. Un jour, de retour de son champ de Safane, il rencontra le chef *Mfally* qui lui dit :

« Ah, *Fara*, quelle peine ! Chaque jour, *Darsilam – Safane – Darsilam* ! Et si vous veniez vous installer à Safane ?
– C'est tout ce que je souhaite, Grand Chef.
– Je vous en donne l'autorisation.
– Merci, Grand Chef !
– Rentrez bien.
– À demain, Grand Chef !
– Que Dieu nous protège !
– Qu'il en soit ainsi, Grand Chef ! »

Fara était heureux. Les récoltes de l'année à peine rentrées, il emménagea à Safane. Un an après, il célébra le mariage de *Kanta Diokou* et de son neveu *Bacary Ntara Ndiaye*. Les deux amies Kady Biaye et

Kanta Diokou vivant désormais dans un même village, scellèrent à jamais leur amitié.

Kanta Diokou[12] perdra sa progéniture, à chaque fois qu'elle en mettait une au monde.

Un jour, eut lieu une danse de *Dimbaya*[13]. Au moment où le rituel battait son plein, *Diguinty Ardiana Diame*[14] alla prendre *Kanta* par la main, la brusqua vers le centre de la piste de danse où elle la terrassa, restant debout, près d'elle, imperturbable, la dominant du regard. Alertées par ce langage codé, toutes les femmes, selon le rituel, se ruèrent sur *Kanta*, lui donnèrent des coups amortis, la couvrirent de poussière, en la traînant par terre, pour la salir et amener ainsi l'esprit malveillant qui la suivait à se dégoûter d'elle et à la quitter.

Par cet acte, *Diguinty* venait de déclarer son engagement à venir au secours de *Kanta*. Quelques jours après, elle alla présenter sa protégée au spécialiste des combats mystiques, *Yalla Ntiiba* de Manécounda près de Simbandi Balante, qui, après une consultation divinatoire, révéla l'existence du *Mekhesse*[15]. *Kanta* suivra ainsi des séances de traitement mystique jusqu'au sevrage de l'enfant qui

---

[12] La mère de Bliph Seckou .

[13] La grande maternité : il s'agit d'un rituel de maternité organisé par les femmes, sous la direction de la doyenne qui avait pris l'engagement de venir au secours de celle des plus jeunes qui perdait sa progéniture à la naissance.

[14] Une vieille dame initiée du village.

[15] Réparation.

en naîtra. Protégés par *Diguinty* et son mari *Seckou Agbayara Mansall*, c'est à eux que *Kanta* devra son surnom de *Yafaye Diame*[16] et son fils, celui de *Bliph*, l'enfant d'ailleurs.

Selon la tradition *balante*[17], les femmes qui perdaient leurs progénitures en bas âge étaient choisies par des bébés friands du voyage entre ce monde et celui de l'au-delà, jusqu'à ce que le principe *bliphique* les frappe d'humiliation qui consistait à percer une oreille pour un garçon, ou à ne pas percer les oreilles pour une fille. Cet acte féminisant pour les garçons ou masculinisant pour les filles était une marque d'échec qui les contraignait à rester dans ce monde.

Quant au changement de nom de la mère, c'est la preuve, pour le nouveau-né, que les conditions d'existence ont changé et que le terrain est miné.

Le vieux couple s'était ainsi engagé à venir au secours de *Kanta Diokou* et de son époux *Ntara Yhinghou*[18] et devait, selon la tradition *Dimbaya*, manifester son engagement en organisant, périodiquement, des soirées dansantes de sauvetage des fécondités et des maternités fragiles.

Toutes les femmes, sauf celles dont la santé physique ou le poids de l'âge ne permettait pas, devaient être au rendez-vous, danser, sous la direction de *Diguinty*,

---

[16] *Yafaye* veut dire « ils ont jeté » et *Diamé* est le nom de famille Diguinty.

[17] Une des ethnies du sud du Sénégal.

[18] Le nom d'une tribu manjak.

au rythme du Tam-Tam d'eau, jusqu'à l'aube, pour assurer la venue d'un nouveau bébé qui mettrait fin au calvaire maternel de Kanta, avant d'aller se laver, en signe de purification, au marigot du village.

À la naissance de *Bliph*, les femmes, en souvenir des écrasantes nuits dansantes consacrées à la cause de *Kanta* avaient coutume de lui infliger de fausses punitions, en lui donnant des coups amortis, cadencés par des paroles provocatrices qui n'étaient en fait que des simulacres. Et sa mère *Kanta*, dans l'harmonie d'ensemble, devait se comporter en mère jalouse, protectrice de l'enfant qu'elle avait tant cherché, contre les coups et paroles vengeurs.

Deux ans après la naissance de *Bliph*, *Diguinty* les amena revoir le spécialiste *Yalla Ntiiba*, pour le dernier traitement mystique qui exigea le sacrifice d'une chèvre, 25 kg de riz, dix litres de vin de palme, un litre d'huile d'arachide, des oignons et autres ingrédients. En dernier acte, *Yalla Ntiiba* coupa, jusqu'à la racine, les cheveux de *Bliph* et ceux de sa mère *Kanta*. Le *Mekhesse* était ainsi fait, signant la mort théorique du prénom *Bliph*, au profit de celui de *Seckou*[19]. Quant à sa mère, *Yafaye Diame* s'étant imposée, *Kanta Diokou* finit par tomber en désuétude.

« C'est moi, dira souvent *Finda Ndiaye*, la cousine aînée de *Bliph Seckou*, qui ai porté Seckou sur mon dos, et j'ai souffert. À chaque fois que notre mère devait se rendre avec lui et *Diguinty* voir *Yalla Ntiba*, elle m'amenait, et à chaque fois, *Yalla Ntiba*

[19] Le prénom de l'époux de Diguinty.

nous donnait, notre mère *Kanta* et moi, des coups de chicote. Il commençait toujours par moi, parce que, selon lui, c'est celle qui garde l'enfant qui, en général, accueille les mauvais esprits. Sans son autorisation, ils sont impuissants. Il devait donc commencer par bien me chauffer, avant de continuer sur notre mère qui, selon les traditions, reste soupçonnable de crimes de sorcellerie sur sa propre progéniture. *Finda* appelait toujours quand elle s'adressait à *Bliph* Seckou : *Mansallmanga*[20]. Elle ne prononçait le nom *Seckou* que quand elle parlait de lui. Certains habitants de Safane appelleront *Bliph* : *Seckou.* Les plus nostalgiques des bienfaits de la tradition l'appelleront : "Seckou Mansall". Ses parents, eux, l'appelaient *Seckou, Mansallmanga* quand ils sont contents de lui, *Douadiabi*[21] quand ils sont très satisfaits de lui ».

Bliph Seckou Douadiabi était resté l'invité permanent de toutes les soirées de Dimbaya jusqu'à sa majorité. La dernière le concernant eut lieu en avril 1979. Il avait alors 18 ans. Ce jour-là, les six enfants que *Kanta* avait finalement eus – trois garçons et trois filles – *Seckou, Mota, Diénabou, Moussa, Mamadou* et *Bintou* – furent tous lavés d'un bain de libération de *Bliph,* d'une surprotection qui risquerait de l'inhiber de tout dans sa vie et dans la vie.

---

[20] Le superlatif d'affectivité pour le nom de famille *Mansall.*

[21] Vœu exaucé.

À six ans, son père l'avait envoyé étudier le Coran auprès de Thierno Mahmoud Diallo, le n° 2 de la spiritualité musulmane du village à l'époque.

À neuf ans, un éminent savant peuhl du nom de Thieno Gouddoussy, venu du Fouta-Djalon, voulut l'amener poursuivre ses études coraniques auprès de lui. Ses oncles s'y opposèrent, au prétexte qu'il ne parlait même plus le manjak sous leurs yeux, à plus forte raison qu'il soit hors de leur vue. Ils décidèrent de le sortir du foyer coranique et l'envoyèrent garder les vaches de la famille chez son grand-oncle Jean Kourtouba à Manécounda, près de Simbbandi balante. Deux ans plus tard, sa grande tante *Yaya Tsiaou* qui, lors d'une de ses visites tournantes, avait découvert qu'il n'avait pas le traitement qui correspondait à son statut de grand petit-neveu – assumer en lieu et place les responsabilités qui revenaient aux fils aînés de ses grands-oncles – le ramena simplement au bercail.

Dans la même année, la Communauté mandingue de Darsilam organise une circoncision. Abddoul, l'ami de Seckou, le convainc de fuguer pour aller rejoindre Amadou Bentin Diallo qui l'avait fait au lieu de circoncision de Darsilam. Ils agirent.

Pour arrêter la fugue d'adolescents vers le lieu de circoncision de Darsilam, les notables de Safane Tenda décidèrent d'organiser aussi une circoncision à Safane et de rapatrier les trois fugueurs initiatiques. Ce fut le cas.

Voilà les raisons qui font dire à Seckou Ndiaye lui-même, qu'il est « *un produit spirituel balante, biologique manjak, intellectuel peul et initiatique mandingue* » de Safane.

Mais Telly l'appelle aussi Grand Seckou, pour ce qu'il a fait à Safane en 2003.

CHAPITRE IV

RÉVOLUTION MENTALE DE SAFANE

En janvier 1999, Seckou Ndiaye interpelle et convie ses compatriotes de la Communauté sénégalaise de Safane en France, à commencer à développer Safane, à partir de la volonté propre de ceux qui résidaient sur place. Son message a été entendu, et le village entama sa marche de renaissance.

2001, avec l'aide financière d'ASSEDI (Association des Sénégalais de Safane en Europe pour le Développement et l'Intégration), le village hisse sa petite mosquée au rang de « Joumah »[22].

2002, Seckou Ndiaye obtient avec mention un diplôme de 3e cycle *en Citoyenneté, Droits de l'Homme et Actions humanitaires* à l'Université Paris Évry Val d'Essonne, sous la direction du Pr Alain Le Guyader, diplôme qu'il qualifie lui-même de *Diplôme qui lui a le plus servi et qu'il a le plus exploité.*

2003, il effectue, à Safane, un voyage de ressourcement et d'appel au réveil, à l'éveil et à la veille historiques. Suit l'œuvre qu'il y a initiée.

---

[22] Notoriété supérieure.

Il était dix-sept heures, le 16 janvier 2003, quand le taxi fendit, doucement, le village de Darsilam qui mariait une de ses filles à un jeune de Safane du nom de Mamadou Sadio.

En prélude à la fête de sortie des 73 circoncis venus de cinq lieux résidentiels plus ou moins éloignés – Tchanaf, Niafor, Boukaour, Ziguinchor et Safane bien entendu –, la célébration du mariage de Mamadou Sadio sera soutenue par l'arrivée de France de Bliph Seckou, l'enfant de Dimbaya !

Le véhicule avait à son bord Abdoulaye Konké, Ténin, l'ex-épouse de Bala et Bliph Seckou. Cela faisait vingt ans environ que Bliph Seckou avait quitté le village et personne ne semblait le reconnaître, pas même son propre demi-frère Souleye qui lui avait pourtant, par civilité, serré la main.

En vingt ans d'absence, il avait effectué seulement deux voyages éclair : le visa qu'il était revenu chercher en juillet 1991 à la demande impérative de l'Administration française à Paris, et le décès de sa mère qui avait eu lieu six mois plus tard, le 22 mars 1992.

Le véhicule s'était pourtant arrêté un instant. Malgré cela, personne, à Darsilam, ne l'avait reconnu.

La présence d'Abdoulaye et de Ténin, aisément installés aux côtés de l'étranger, dans un taxi qui se dirigeait vers Safane, là où même les camions s'y rendaient rarement, très rarement même, du fait d'enclavement du village qui s'étire plus vers la frontière bissau-guinéenne que la Nationale 6 qui relie la ville de Ziguinchor à celle de Kolda, permit à certain de supposer que cet étranger ne pouvait venir que de loin.

D'approche en approche, de rapprochement en rapprochement et d'hypothèse en hypothèse, les plus pointus dans leurs interrogations finirent par déduire que le profil de cet étranger qui viendrait de loin correspondait à Bliph Seckou et ce ne pouvait qu'être lui.

Très vite, la nouvelle se répandit dans le village que Bliph Seckou est de retour. En peu de temps, *Ndiayecounda*[23] s'emplit de monde.

Entre Ndiayecounda et Djitécounda qui célèbre le mariage de Mamadou, il n'y a que l'artère principale du village qui sépare les deux concessions situées respectivement à l'ouest et à l'est. La nuit durant, les deux concessions semblaient n'en former qu'une, l'artère principale étant et restant le lieu préféré de ceux qui voulaient être partout à la fois, aux deux événements : la célébration du mariage de Mamadou Sadio et la célébration de l'arrivée de France de Bliph Seckou. La lune brillait dans un magnifique ciel étoilé d'été.

Dans 48 heures, Safane sera en effervescence de la fête des 73 circoncis qui reviennent au village

[23] Résidence des Ndiaye.

après un long séjour initiatique sur les normes, les codes et les valeurs traditionnelles locales.

Dans tout le département et même au-delà, l'on ne parlait que de cette phase finale de cet événement initiatique. Qu'en sera-t-il ? Safane pourrait-il en termes de capacité d'accueil contenir tous ceux qui seront là ? Les cœurs battaient fort, de plus en plus, au fur et à mesure que le jour approchait. Les prières individuelles et collectives rythmaient chaque instant de vie.

Le 17, Safane, village paisible, attend pieusement la prière du Vendredi, suivie de l'arrivée des premiers participants dont la plupart étaient des parents des circoncis venus des quatre autres villages ou communes, pour les préparatifs d'une fête réussie.

Dans les concessions et les rues, les cercles à palabre se font et se défont, pour se reformer ici ou là et continuer à spéculer sur la capacité du village à faire face à un événement dont on a parlé jusqu'à Dakar, et l'issue de la fête. À chaque fois que les inquiétudes semblaient grandir, une expérience vient calmer les esprits : « *Safane est un village réputé pour ses fêtes réussies. Safane de Ndjimbé Sadio n'a jamais déçu !* »

La veille, le 16, c'était le mariage de Mamadou Sadio. Demain, c'est le jour J. Une économie d'énergie s'imposait, et une simple balade suffira ce soir dans le village.

Le samedi 18, dès 9 heures, des gens venaient de toutes directions. La fréquence s'accélèrerait, au fur et à mesure que le soleil montait. Tout doit être prêt avant 16 heures, heure officielle du retour des jeunes initiés du Bois Sacré au village.

Les participants arrivent, la jeunesse s'excite. Les commerçants ambulants pressent le pas pour occuper les places stratégiques. D'agréables odeurs de cuissons à ciel ouvert envahissent l'atmosphère festive. Les musiciens du balafon vérifient l'état de leurs instruments. Là-bas, à la Hutte Sacrée des circoncis, pointaient des regards de temps à autre, devinant ce qui pourrait s'y passer. Les tenants du village sont-ils inquiets ou non ? Que se passera-t-il d'ici 16 heures ?

Dès 10 heures, la jeunesse insouciante anticipait déjà le *Djambadong*[24], dans le seul but de collecter, à travers les concessions, un peu de monnaie soutirée du bas de laine des heureux parents des circoncis, pour assurer les billets d'entrée aux prochaines soirées dansantes payantes.

À 16 heures pile, tout Safane était entré en communion avec Balantacounda centre. « Parisien » très visible, Bliph Seckou qui n'avait rien perdu de son éducation de base, serrait la main à celui-ci, puis celui-là ; se retournant de temps en temps pour serrer la main à untel qui lui faisait une petite tape sur l'épaule ; s'adressait à untel de la voix ou faisait signe de la tête à tel autre ; ou allait voir directement untel

[24] Danse des feuilles.

par respect pour son âge, etc. Il considérait tous, chacun à son rang social.

À 14 heures, la foule avait déjà entamé son attroupement à l'espace de la Forge du vieux Yaya Mané, le pivot des croyances, situé sur la route du Bois Sacré. À 15 heures, l'espace était déjà empli de monde. Impatiente, la foule se drainait timidement, pour éviter le refoulement des aînés des jeunes initiés au moyen de la Loi dure du Masque : le fameux « Kankoura [25] ».

Au fur et à mesure que le temps tendait vers 16 heures, la foule faisait pression sur les autorités comme pour réclamer le droit à la fête tant attendue.

À 15 h 30, commence le flux et reflux de la foule qui suit les mouvements du Kankouran dans sa mission de protection et de sécurisation des circoncis.

À 16 heures, la Cérémonie de libération terminée au Bois Sacré, le tam-tam bat et rythme la marche du retour des 73 jeunes initiés à la maison, direction le Hangar du village où ils resteront 48 avec leurs aînés, avant de rejoindre, chacun, sa maison paternelle.

---

[25] Elle est unilatérale, peut frapper du plat d'un des deux coupecoupes qu'il tient dans ses mains, aussi bien un enfant, une femme, un homme, le doyen, le chef ou l'imam du village, s'il est une mauvaise personne pour l'humanité.

Safane, dont la population avait été multipliée par 10, vit en village heureux, au rythme de 10 000 âmes en fête.

Le cortège, après avoir déposé les circoncis au lieudit, engage sa marche festive Sud-Nord-Sud.

Six Balafons et l'« Orchestre Katmandou » animent le village jusqu'à l'aube, et la jeunesse qui veut toujours être partout et nulle part, valsait toute la nuit durant.

Le 19, journée chaotique, fut suivi de la danse d'entraînement des circoncis à la vieille place Bénite du village, où les parents se rivalisaient en prenant et en soulevant, chacun, la main de leur descendant pour exhiber leur fierté d'être de ceux qui pérennisaient la gloire du village, par la production des futurs hommes forts qui auront en charge de défendre dignement et fièrement l'histoire du village.

La danse de circoncision consiste à reproduire des images de la lune et d'étoiles sur le sol, contrairement à celle de l'excision qui, elle, reproduit des images de la lune et de l'échelle.

Ici, danser, c'est communiquer avec les autres, en dialoguant avec soi. Dans les deux danses initiatiques, le père, pour la circoncision de son fils, dialogue avec la mère, pour l'excision de sa fille. Là où l'homme semble dire « Je domine la Lune, et je domine les étoiles », la femme lui répond : « Moi, je ne peux faire la même chose, qu'au moyen d'une échelle. »

Cette dialectique des pas met en évidence le rêve de l'homme africain, par rapport au pragmatisme de la femme africaine.

La nuit de cette deuxième journée consécutive fut encore soutenue par la musique, mais ce fut la moins poussiéreuse. La danse était moins frénétique, la musique était plus appréciée et l'ambiance plus belle, plus élégante. La première était une danse de devoir, la seconde une danse de séduction.

La nuit du 20 devait être une journée de repos, mais elle sera encore soutenue par la musique de l'Orchestre Multi Phonique Katmandou (OMPK).

Le 21, OMPK aurait probablement animé encore la soirée, si une autre sortie des circoncis ne l'attendait pas à Sadioum.

Au sortir de ces 5 jours de fête intense, Safane n'avait plus d'eau. Tous les puits étaient devenus secs. Sa population heureuse pour la réussite de la fête qui était tant attendue, se contenta des eaux rouges des bas-fonds des puits de 10 à 15 m de profondeur, pendant 72 heures.

En venant de Paris, Bliph Seckou qui venait de décrocher haut la main le diplôme de 3e cycle en citoyenneté, droits de l'Homme et actions humanitaires, avait prévu une série de conférences de sensibilisation sur la citoyenneté de développement. En vivant les réalités d'avant, de pendant et d'après cette Fête de circoncision, il modifia sa stratégie. Une hypothèse s'était imposée à lui : « *Safane ne peut pas mourir avec toute cette force qui l'entoure* ».

Il décida de transformer son projet de série de conférences sur la citoyenneté de développement, en série de rencontres d'information et de dialogue. Suivent les différentes étapes.

Visite d'état des lieux

L'Artère principale du village vue du nord.

L'Artère principale du village vue du sud.

Les enseignants de l'École primaire de Safane et Seckou Ndiaye (à droite en bleu)

Les écoliers en récréation du matin

La cantine scolaire à ciel ouvert

Le poste de Santé de Safane

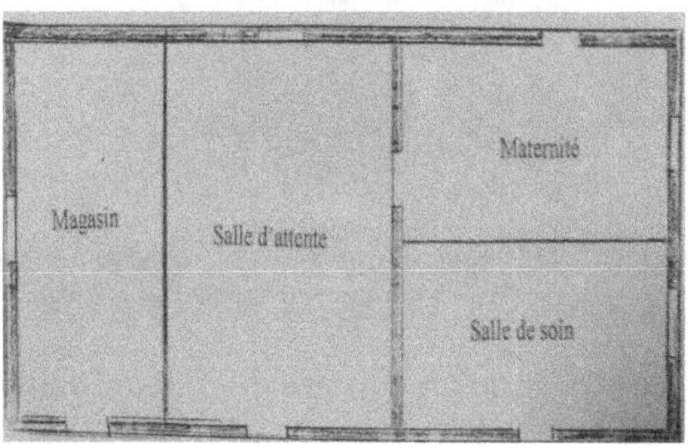

Le plan architectural du poste de Santé (magasin, salle d'attente, maternité, salle de soins)

L'unique atelier de couture d'Henry Niamo Sadio

L'unique atelier de menuiserie d'Abdoul Mansaly

L'unique atelier de réparation de vélos de Noumo Diatta

L'unique point de commerce arachidier géré par Baboucar Sadio

La Maison des jeunes de Safane valant Centre culturel

L'Église catholique du village

La Mosquée du village

Rencontres d'information et de dialogue

Le 22 janvier 2003, Seckou Ndiaye tient une réunion avec la Commission de développement du village.

Le 26 janvier 2003, Seckou Ndiaye fait organiser par le chef de village Illiyassa Kéba Sadio, une réunion de présentation des cadeaux qu'il avait apportés au village : un Coran pour la Mosquée, une Bible pour l'Église et 1 500 CFA pour l'achat d'un litre de vin blanc pour le Bois Sacré du village.

Le 1er février 2003, l'Association des parents d'élèves tient une réunion à l'école. Seckou Ndiaye y participe et suit les échanges avec beaucoup d'intérêts.

Le 2 février 2003, l'Association des Jeunes tient son assemblée sous le manguier de la Forge du vieux Yaya Mané. Seckou Ndiaye y participe, suit les échanges avec beaucoup d'intérêts, accepte d'appuyer et de soutenir les doléances de l'Association auprès de ses compatriotes de la Communauté sénégalaise de Safane en Europe, sous réserve qu'elle prenne l'engagement de contribuer effectivement au sauvetage et au développement du village.

Pour sceller les engagements de la Jeunesse, il fait organiser par le chef de village Illiyassa Kéba Sadio, une deuxième Assemblée du village où il prend les notables en témoins.

Le 8 février 2003, eut lieu ladite 2e Assemblée du village. Ce jour-là, le village prit la résolution de se prendre en charge lui-même.

Le 15 février, date historique, Seckou Ndiaye et la Jeunesse du village engagent concrètement les décisions de la 2e Assemblée du 8 février, par le lotissement empirique du village. Objectif : acquérir une plus grande visibilité et une plus grande mobilité dans les rues du village, et commencer à suivre l'évolution de la future Cité de Safane.

À 12 h 30, Seckou Ndiaye, ici, en chemise bleue au fond, assis sur une racine de ce manguier de la Vieille Place du Village, tient un débriefing avec la Jeunesse.

Ce Comité de suivi des engagements de 7 membres a été créé sur-le-champ.

CHAPITRE V

SUIVI DE LA RÉVOLUTION

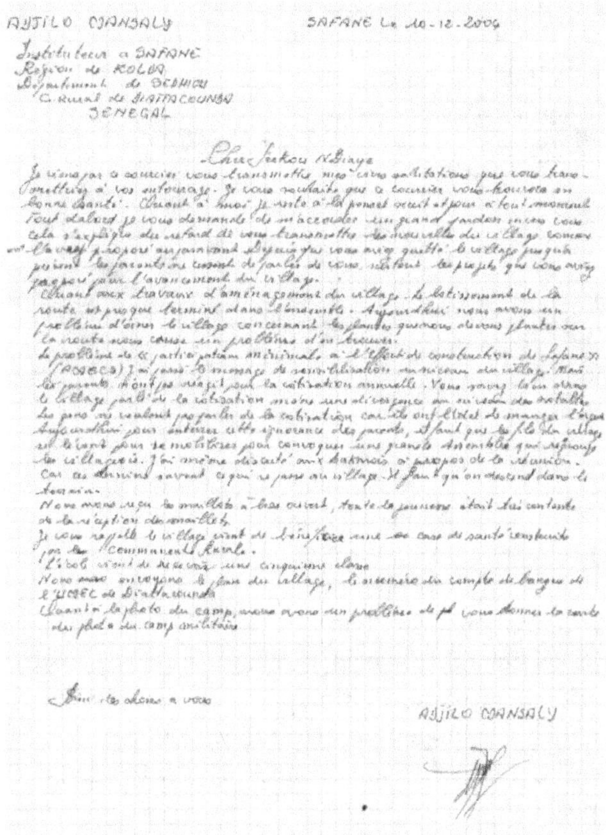

AJJILO DIANSALY — SAFANE Le 10-12-2004

Instituteur à SAFANE
Région de KOLDA
Département de SEDHIOU
C. Rural de DIATTACOUNDA
SENEGAL

Cher Seckou NDiaye

AJJILO DIANSALY

Le 10 décembre 2004, Seckou Ndiaye reçoit cette lettre de reconnaissance de la population du village, pour l'avoir réveillée et amenée à prendre le chemin du développement.

La lettre lui informe que quand les arbres qui ornent l'Artère principale de Safane avaient été embellis conformément à ses conseils, le chef du camp militaire de Safane a proposé au chef du village Illiyassa Kéba Sadio (photo ci-dessous), de donner à cette Artère principale le nom d'« Avenue de l'Indépendance ».

Illiyassa Kéba Sadio lui répondit que le village avait déjà fait son choix qui a porté sur Ndjimbé Sadio, son fondateur. Mais le chef militaire ne renonça pas. Il fit une deuxième proposition au chef du village : autoriser un défilé de la Fête de l'indépendance, le 4 avril, sur l'Artère principale, et ses militaires à entraîner les jeunes volontaires du village. Le chef Illiyassa Kéba Sadio accepta cette deuxième proposition.

Le 4 avril 2004, les jeunes et les militaires de Safane défilent le long de l'Avenue Ndjimbé Sadio. Les habitants étaient fiers de leur village en devenir.

Le 28 février 2005, Seckou Ndiaye ouvre la première ligne téléphonique sous le N° 00221 599 86 53 qui connecte le village à la modernité.

En 2005, la population de Safane décide de mettre fin au système de gestion pifométrique du village : le budget de fonctionnement ne doit plus se baser uniquement sur des cotisations d'urgence. Il convenait de rationaliser la gestion des ressources du village. L'Assemblée fixe les « Taxes d'exploitation des ressources locales » comme suit :

– 15 euros pour les produits forestiers ;

– 2 euros pour le chargement des pierres de construction.

Elle définit :

La période d'interdiction d'exploitation de la palmeraie du village ;

Une période de fin d'interdiction. Le 1er jour est considéré comme le Jour du village où toute la population récolte pour la caisse du village. Cette rationalisation des ressources forestières permet au village de dégager une production de 1 400 litres d'huile à 1,50 euro, soit une recette de 2 000 euros par an qui vient renforcer la Caisse du village.

L'Assemble décide des dépenses suivantes :

– 60 chaises de réception à 10 euros = 600 euros ;

– 24 bols de repas collectifs des cérémonies pour 300 euros, 1 grande marmite à 20 euros ;

– 2 marmites moyennes à 15 euros l'une, soit 30 euros au total ;

– 1 magasin de stockage des produits du village à 1 000 euros.

L'ONG « Femme-Vie » fit une aide d'une machine à piler le mil d'une valeur de 300 euros.

Local de la machine à piler le mil

La machine à piler à l'œuvre

Avant, l'ONG « Pam » donnait un repas et 16 kg de maïs, de haricot et d'huile à tout habitant qui accepte d'être du groupe de volontaires pour la réfection de la route principale d'accès au village, ou de désenclavement du village. Gravissime ! La population avait tellement cédé au déterminisme qu'elle n'était même plus consciente de ses propres intérêts : il fallait que ceux qui venaient de très loin pour aider les habitants, leur paient pour cela. Gravissime ! Cela prouve que dans la vie, on peut pécher par excès, par avidité ou par inconscience. Il faut donc, à défaut de pouvoir être riche, éviter la misère intellectuelle. C'est en évitant la misère intellectuelle que l'on peut éviter la misère organisationnelle, et donc la misère matérielle.

Au réveil, citoyen de 2003, le village décide de construire le pont de Bani à l'ouest en achetant des planches de 6 m sur 5 cm (26 planches à 3 euros, soit 78 euros au total). Pour ce faire, le village signe un contrat avec un menuisier : 26 planches pour 200 sciées provenant des arbres du village, reviennent au village.

En 2011, le village et sa diaspora organisent un concert par l'Orchestre départemental « Njama Niaga ».

Il dégage :

Une recette de 4 500 euros.

Pour une dépense totale de 1 000 euros.

Soit un bénéfice de 3 500 euros.

En 2013, ce fut un échec cuisant :

Recette : 0.

Dépense : 1 000 euros.

Soit une perte de 1 000 euros.

Raisons : le matériel était défectueux au dernier moment (à 21 heures : heure à laquelle le concert devait commencer).

Un autre appareil avait été commandé de Ziguinchor sans succès car, à peine installé à minuit pile, une pluie diluvienne s'abat sur Safane, gâchant ainsi une soirée qu'attendait une foule qui avait commencé, du point de vue sécuritaire à inquiéter les responsables du village.

Toujours dans la dynamique de modernisation, le nouveau chef de village, Mamadou Lamine Sadio, fait élire un chef à la tête de chacun des trois grands quartiers du village : Santossou, Témassous et Doumassou. Insa Mané fut élu chef du quartier « Santossou » (le Haut Quartier). Sadio Mané fut élu chef du quartier « Témassou » (le Quartier central). Mota Ndiaye fut élu chef du quartier « Doumassou » (le Bas Quartier).

Le village se dote d'une « Commission de Développement du Village » (CDV) composée :

– d'un président : Malang Mané ;

– d'un vice-président : Mota Ndiaye ;

– d'un secrétaire : Osmane Sadio ;

– d'un trésorier : Ismaïla Mendy ;

– d'un responsable de l'Organisation : Vieux Mané.

Le commerce se développe considérablement, passant de l'unique boutique « Fadagba » à :

– 10 boutiques privées ;

– 3 machines pileuses ;

– 2 boulangeries ;

– 1 magasin de stockage ;

– 1 case des tout-petits ;

– 1 école primaire agrandie, passant de 3 à 6 classes (cycle complet) ;

– 1 centre d'examen ;

– 1 foyer des jeunes ;

– 1 terrain de foot ;

– 1 école arabe ;

– 1 Collège d'Enseignement Moyen sous le n° 143 201 0431 002 ;

– 1 poste de Santé relevant naturellement du District sanitaire de Goudomp et de la Région médicale de Sédhiou ;

– 1 ambulance de la Croix-Rouge en 2015 ;

– 1 maternité en 2021 ;

– 1 bibliothèque créée par ASSEDI (Association des Sénégalais de Safane en Europe pour le Développement et l'Intégration) ;

– 1 Église catholique ;

– 1 Mosquée érigée au rang de « Joumah » (accueillir la Prière collective du vendredi) ;

– 1 Bois sacré activé autour de la tombe du Marabout mythique ;

– 1 projet d'érection de Safane en commune regroupant 17 villages ;

– 1 projet d'intégration économique dans le cycle de marchés hebdomadaire tournants de la zone :

- lundi : Simbandi Balante,
- mardi : Goudomp, Safane
- mercredi : Yaran,
- jeudi : Samine,
- samedi : Diattacounda,
- dimanche : Djibanard.

Ces différents lieux constituent des lieux d'approvisionnement des commerces locaux.

Selon les sources orales, la 1re Mission catholique du Secteur aurait été créée à Safane. Elle serait suivie de celle de Temento, puis de Simbandi Balante. Le point de commerce le plus actif du Secteur à l'époque coloniale aurait été Safane.

À l'avènement de l'indépendance, un des candidats les plus redoutés lors du transfert du commandement administratif de Samine vers un village de la zone aurait été le chef Nfally Sadio, dit Nddjama Bassa.

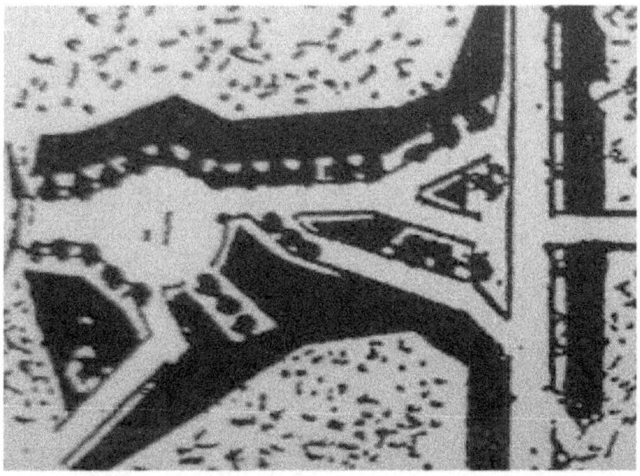

Le plan urbain de Safane à l'époque coloniale[26]

Le plan urbain de Safane postcolonial[27]

Toujours selon les sources orales, un des postes de collecte d'impôts les plus importants aurait été celui de Safane.

À l'avènement de l'indépendance, le 1er poste militaire aurait été créé à Safane. La première école du village aurait été celle des missionnaires,

[26] Dessin de Seckou Ndiaye.

[27] Dessin de Seckou Ndiaye.

implantée à l'époque, au cœur du Quartier islamique de Safane Tenda appelé aujourd'hui « Doumassous ».

Cette école n'a pas tenu longtemps. Le village a dû attendre 1967 pour avoir une école primaire des mêmes missionnaires.

Aujourd'hui, un collectif des 17 villages situés au sud de la communauté rurale de Simbandi Balante qui forment avec Safane un Pôle économique à vocation internationale, partagent le même sentiment de voir un découpage qui érigerait Safane en chef-lieu de communauté rurale, en vertu du principe du « *rapprochement de l'administration aux administrés* », pour les raisons de sa position historique, géographique, démographique, stratégique et économique.

Simbandi Balante compte 41 villages, pour une population de 21 942 habitants (2011). Le collectif des 17 villages en compte 8 376, dont plus 3 000 environ pour le village de Safane.

N°	CHEF	N° CIN	VILLAGE
1	Camara Diamba	1188198500280	Faraba
2	Diatta Bourama	1188198500499	Bani
3	Sadio NFally	1188199000207	Séméne

4	Samakane Amadou	114919780330	Sonako
5	Mané Diola	1188197701083	Thiamoulé
6	Biaye Jean	1188198401396	Boutonghoul
7	Mané Lamine	1188198000432	Sincap Tilidji
8	Diatta Boully	1188198301349	Sankadji
9	Sadio Omar	1188198800362	Thiéba
10	Sadio Mamadou Lamine	1149197900674	Safane
11	Mané Omar	1188199100898	Pirigui
12	Diatta Boully	1145197500322	Darslam
13	Tackou Ansou	1188200200520	Sédhioundig
14	Mansaly Malang	1188198200520	Sibana

15	Diatta Aliou	1188199300872	Souboude
16	Touré Aliou	1145197200943	Djimbana
17	Mané Lansana	1145197900066	Assoumoul

Liste des 17 villages signataires du projet d'érection de Safane en chef-lieu de communauté rurale.

Le Collège d'Enseignement Moyen obtenu en 2010, et construit en 2017

Le Poste de santé obtenu en 2006, fonctionnel en 2010

Ambulance en 2015   Maternité en 2021

La Centrale obtenue en 2012

La Piste de développement construite en 2016

Le marché hebdomadaire obtenu en 2018

La Mosquée moderne construite en 2020

Le forage ou château d'eau construit en 2021

La machine décortiqueuse du riz obtenue en 2021

Février 2022, le « **Programme d'Urgence de modernisation des axes et territoires frontaliers (Puma)** » dote le Poste de Santé de Safane de cette ambulance.

Associations actives

2021, DSCAS (NDjimbé Sportif, Culturel et Artistique de Safane) procède au renouvellement de son Bureau :
-Président : Nouha Sadio ;
-Vice Président : Youssouph Sadio ;
-Secrétaire : Moustapha Sadio ;
-Secrétaire Adjoint : Amadou Diatta ;
-Trésorier : Oumar Tecagne ;
-Trésorier Adjoint : Laye Mansaly ;
-Commissaire aux Cimptes : Racine Mané ;
-Commissaire Adjoint aux Comptes : Bolène Diatta
-Sport et Culture : Bourama Mendy, Martin Diatta, Alcaly Diatta, Christian Mansaly, Seydou Diatta ;
-Organisation : Ameth Sadio, Moussa Mané, Fatou Mansaly, Ibou Mané, Sidou Diatta, mamadou Thiam, Papa mané, Diamban seydi ;
-Communication : Vincent Mané ;
-Relations extérieures : Boubacar Mansaly et Bacary Sadio ;
-Section féminine : Sona Mendy, Meta Diatta.

2021, ANBS (Association Ndianga Bouloutou des femmes de Safane) est dirigée par :

- Amy Babiya Mané, Présidente ;

- Gnimma Mané, Secrétaire ;

- Ansatou Mané, Trésorière

Son but : *« Produire et commercialiser elle-même, les produits locaux »*, en vue de participer activement au développement de Safane.

ANBS est un GIE (Groupement d'Intérëts Economiques) formalisé, c'est-à-dire : déclaré à la Préfecture, enregistré à la Chambre de Commerce et possède un compte bacaire au Crédit Mutuel.
Le système consiste à encaisser les cotisations des membres, solliciter le soutien de la diaspora, investir le tout dans l'achat des produits locaux que l'Association commercialise elle-même.

2022, Seckou Ndiaye élève, respectivement, au rang de Photographe et de Documentaliste de Safane, Moussa Mota Ndiaye et Jean Ismaïla Diatta ci- dessous, deux citoyens très engagés, qui fournissent aux Safanois éparpillés dans le Monde, des informations, presqu'en temps réel, sur l'évolution générale de Safane.

Moussa Mota Ndiaye

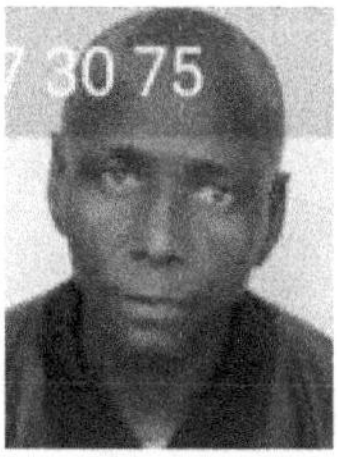

Jean Ismaïla Diatta

CHAPITRE VI

PUISSANCE MOTRICE DE LA RÉVOLUTION

« La vie est une course de relais dont la progression dépend de la manière dont le relais se transmet », dit un esprit éclairé.

La 4e édition de Journées de réflexion et de sensibilisation s'est tenue les 26, 27, 28 décembre 2016, sous le patronage de la Marraine Lala Aïcha Fall, Haut Conseiller des Collectivités, sous le thème « Le rôle des jeunes pour le développement des collectivités territoriales », présenté par le Professeur Seyni Sadio.

Présentation des Journées de réflexion Par Maktar SADIO, Coordonnateur

« Ce document est issu de la quatrième édition des Journées de réflexions et de sensibilisation tenues les 26, 27 et 28 décembre 2016, à Safane, un village situé dans la région de Sédhiou, département de Goudomp, arrondissement de Djibanar, commune de

Simbandi Balante. Cet événement, qui est un cadre d'échanges et de réflexions, a réuni plusieurs personnalités politiques, administratives, religieuses ainsi que des experts en développement et une forte présence de la jeunesse de ladite région. Les travaux portaient sur le thème « Le rôle des jeunes pour le développement des collectivités territoriales ».

En organisant ces journées, notre défi sempiternel est d'expliquer la place des jeunes et les opportunités qu'offrent ces derniers dans le processus de développement local. Il s'agit donc d'y associer les forces vives et les acteurs parce que l'efficacité de l'action publique locale dépend de la capacité des collectivités locales à élaborer de véritables projets de développement informés et négociés avec les populations. La logique d'une participation réelle de celles-ci impose de les associer à la fois aux choix des objectifs et des moyens appropriés pour leur réalisation.

En ma qualité de Coordonnateur de cette 4e édition, l'honneur m'échoit de faire le préambule de ce document qui retrace les discours, la vision de certains sur le développement, mais également et surtout l'intérêt de cet évènement de haute portée nationale.

Je remercie vivement tous les membres de Ndjimbé sportif, culturel et artistique de Safane (DSCAS), section de Dakar de m'avoir désigné comme porte-parole. J'espère m'acquitter dignement de cette tâche.

Je voudrais, de prime abord, exprimer toute ma gratitude à toutes ces illustres personnalités qui ont eu la grande amabilité de répondre à notre appel, et célébrer leurs efforts et leur dévouement pour ce geste hautement patriotique.

À travers les discours et les interventions de l'assistance, j'ai compris que le Développement territorial est comme un processus participatif de production sociale. Il se construit, avec le plus grand nombre d'acteurs d'un même territoire (populations, institutions, pouvoirs publics, acteurs économiques), sur une stratégie de définition négociée d'un projet d'amélioration et de promotion sociale durable.

Outre la posture originale qu'elle suggère aux « intervenants sociaux » invités à placer leur action dans une dynamique participative, la logique de développement territorial soutient que chaque société ne peut se réduire à penser d'en haut la satisfaction des besoins et le traitement des problèmes sociaux, sans que soit reconnue la capacité de tout individu à être acteur des projets qui le concernent.

Ainsi, le développement social territorial peut se définir comme étant la proposition d'un changement des conditions de production de la société par le changement du rapport des personnes avec leur environnement social, institutionnel et politique.

Fort de ce constat, la démarche de DSCAS vise deux objectifs principaux. Le premier, le plus évident, est certainement d'amener les jeunes à savoir qu'ils sont directement impliqués au développement de leur terroir. Le second objectif et non moins important est la prise de conscience que nous voulons insuffler à la jeunesse en particulier et à toute la population sénégalaise en général.

Certes, ces Journées de réflexions et de sensibilisation ont été tenues les 26, 27 et 28 décembre 2016, mais notre responsabilité collective, nous tous qui prônons le développement de notre pays le Sénégal, ce beau pays que le Présent Poète, Léopold Sédar SENGHOR a toujours chanté, est quotidienne.

Bonne lecture !

Introduction des Journées de réflexions

Soucieux de la place qu'occupent les jeunes dans le développement de la Cité et surtout les problèmes qui entravent le développement de la région de Sédhiou, les étudiants du village de Safane à Dakar, sous l'égide de Djimbé sportif, culturel et artistique de Safane (DSCAS), section de Dakar, tirent profit, depuis 2013, des vacances de fin d'année, pour organiser des rencontres scientifiques intitulées « Les Journées de réflexions et de sensibilisation ».

Cet événement constitue un forum de discussion et vise également à proposer une réflexion prospective sur les questions de l'heure entre problématiques de développement, enjeux de société et enjeux politiques publics dans un contexte dominé par l'acte III de la décentralisation.

D'internes à l'origine, les Journées de réflexions et de sensibilisation de Safane ont, depuis la 4e édition (du 26 au 28 décembre 2017), noté une notoriété régionale avec la participation de plus de 49 % d'allochtones et d'une forte présence des autorités locales ainsi que de la presse nationale occasionnant ainsi sa large diffusion au niveau national et international.

Inscrites désormais dans le calendrier des activités des rencontres de Safane, ces Journées permettent aux fils et filles de la cité de Ndjimbé SADIO, du nom de son fondateur, de se retrouver et stimuler des réflexions et des échanges autour des enjeux du développement local participatif et inclusif des habitants de ce bourg de la commune de Simbandi Balante.

Loin de toute approche lucrative et politique, ce rendez-vous explore les contours du développement de la région de Sédhiou et notamment de toutes les collectivités locales du Sénégal, notre chère patrie. Il aborde de plus largement la pensée actuelle et les réflexions en cours autour des questions de développement, d'intégration, d'éducation, de migration et de mobilité. Il questionne l'éducation et la diversité comme facilitateur de rencontre et de respect mutuel. Il évoque la manière dont les politiques publiques se saisissent de ce questionnement à travers le Sénégal. Quel gouvernement local dans la collectivité territoriale faut-il inventer qui compose le local avec le national ? Quel rôle les politiques territoriales ont-elles dans les échanges nationaux sur le développement ? En quoi et de quelle manière le développement local peut-il être aujourd'hui un moteur de développement national et un facteur de cohésion sociale ? »

Communication de Seckou NDIAYE

« Les 72 heures de Safane », instituées en 2013, constituent une suite logique des initiatives citoyennes impulsées par Seckou Ndiaye en 2003. Il s'agit de lutter contre d'éventuels antagonismes identitaires dont pourrait souffrir Safane, d'apprendre, selon les mots de Jacques Attali dans *Les Juifs, le monde et l'argent*, « à passer de l'hostilité à la rivalité, de la rivalité à la concurrence, de la concurrence à la coopération », de la coopération à la fraternité et de la fraternité au développement pacifique de tous et de chacun. Une telle démarche suppose que chacune des Ethnies qui composent le village cesse, toujours selon Jacques Attali, « de se considérer comme meilleure structure communautaire, meilleur cadre protecteur et référent consolateur », et accepte de sceller, doucement, mais sûrement, le processus d'une cohabitation pacifique.

Pour accéder à cette nouvelle mentalité qui permet à tous de devenir plus doux, plus souples et plus faciles en relations, pour le bien de la civilisation et de l'Humanité, nous avons décidé à Safane en 2003, pour reprendre la précieuse formule du Professeur émérite Kapet de Bana, d'ouvrir nos consciences à l'Histoire, nos cœurs à l'Amour et nos esprits à la Science.

Ouvrir nos consciences à l'Histoire, c'est aller, avec intérêt, vers le Passé, pour retrouver notre historicité.

Ouvrir nos cœurs à l'Amour, c'est chercher à savoir, pour aller dans la même direction que John Amagoalik et José Kasugak, pages 15 et 16 et 22 à 25 (Annick Cojean, *Cap au Grand Nord*, Seuil) ; apprendre à accorder une grande attention et une véritable fascination aux anciens, parce qu'ils sont ce que nous avons de précieux : nos souvenirs, nos racines, nos esprits, nos âmes, nos connaissances, nos connexions ; apprendre à nous faire raconter et à raconter avec passion, ferveur et fierté, la vie, la tradition et la force de notre historicité, l'historicité de Safane ; apprendre à observer les anciens et à croire à leurs enseignements, parce que l'avenir a besoin des racines, parce que les anciens doivent être à nos côtés, parce qu'ils connaissent la voie à suivre.

Ouvrir nos esprits à la Science, c'est faire appel aux spécialistes qui, en tant qu'experts, chercheurs, penseurs ou savants, viennent traiter les thèmes qui leur sont confiés devant des publics invités, partager à la fois la fraternité et le savoir. Peu à peu, ces spécialistes finiront par adhérer à l'initiative, parce qu'elle permet de promouvoir leurs connaissances et leurs travaux. Ce qui permettra de sécuriser, et les adhérents, et ladite initiative.

L'enjeu réside dans le fait que dans la vie, il y a des gens qui veulent que le monde reste tel qu'il est, ou qui ne souhaitent pas travailler ensemble ou ne s'acceptent pas tout simplement. Mais si nous pensons que les choses doivent être transformées, repensées pour avoir un développement, il faut un changement des mentalités, des éléments à trouver, s'interroger sur ses propres sources et ses propres problèmes, ses propres inquiétudes, ses propres maux, ce que nous savons faire et comment nous sommes. C'est ce que Seckou Ndiaye avait tenté en 2003, et dont les retombées se soldent par ce rendez-vous annuel de réflexion et de sensibilisation pour le développement de Safane.

Le souci de Seckou Ndiaye en 2003 était que lorsqu'un étranger arrive à Safane, que trouve-t-il ? Des hommes sûrement mais qui savent faire quoi ? Ont-ils des métiers, des spécificités, des produits propres au terroir ? Ont-ils parmi eux des personnes qui produisent en quantité et en qualité ? Sont-ils connus ? Peut-on chercher à les connaître ? Peut-on avoir une espèce de réseaux de liaison, mettre en place une Organisation de masse qui se veut être une société savante ? Qu'est-ce qui fera que le désir de vouloir faire de Safane la Plaque tournante des villages du Secteur Sud de Diattacounda, puisse être vraiment quelque chose qui interpelle tous les fils de Safane, jeunes ou vieux, hommes ou femmes, habitant au village ou non, en Afrique ou non ?

Qu'est-ce qui fera que nous puissions construire une œuvre telle qui puisse pousser toute personne qui se rendant au Sénégal en général et en Casamance en particulier, veuille aller voir Safane, qui, entendant parler des Safanois, veuille les approcher pour les découvrir et qui, les ayant découverts, veuille rester parmi eux ? Là, le premier geste sera accompli, celui du réveil, et ce sera le début de l'histoire du « reve » de Safane.

Le concept « Les 72 heures de Safane » tire son origine de l'initiative citoyenne de 2003 où les Safanois, de toutes les couches confondues, avaient réfléchi et posé ensemble, le 8 février 2003, à la chefferie du village de Safane, les actes qui ont dû accélérer le processus des initiatives prises auparavant, et qui traînaient pour des raisons que nous ignorons. L'Histoire étant la science des traces, en prenant l'initiative citoyenne en 2003, notre but à l'époque était de suivre la doctrine d'action du Pr Kapet de Bana :

Faire les choses, expérimenter, valider ou invalider. Si nous invalidons, aller dans d'autres sens, ainsi de suite. Si nous n'aboutissons pas aux résultats attendus, les générations suivantes verront que nous les avions commencées, iront dans le sens, rénoveront, réformeront ou innoveront, mais il faut agir.

Aujourd'hui, nul ne peut remettre en cause la faisabilité de notre rêve. On cherchera à gérer le projet, d'une manière ou d'une autre, du mieux que l'on peut, chaque génération devant l'améliorer, en l'adaptant aux réalités du moment. Chaque futur développeur doit s'inspirer de tous ses prédécesseurs, en s'interdisant de perdre de vue la dimension des inspirateurs, des fondateurs, des organisateurs, des gestionnaires, tout en étant conscient que dans chaque génération il y a des aînés, des éducateurs, des missionnaires, des pionniers, voire des prophètes, qui doivent améliorer le Patrimoine historique.

Les 72 heures de Safane sont devenues un rendez-vous obligé de l'année, attendu par la population de Safane et sa diaspora, mais aussi par les populations des villages environnants. Cependant, la satisfaction de tous et les retombées médiatiques de cette manifestation dépendront de la qualité de notre implication et de l'originalité des événements que nous proposerons. Il faut voir grand car une organisation minimale révèlerait notre manque d'ambition et d'intérêt pour ces 72 heures et elle aurait un effet contraire au but recherché : faire de Safane, une ville dynamique.

L'originalité de la manifestation contribuera à grandir notre image de modernité et de dynamisme. Il convient par conséquent de varier les événements proposés. Plus les événements seront moins attendus, plus ils seront appréciés. »

Discours du chef de village Mamadou Lamine SADIO

Monsieur le Sous-préfet de Djibanar ;

Monsieur le Maire de la commune de Simbandi Balante ;

Madame la Marraine ;

Monsieur l'Inspecteur de l'Éducation et de la Formation de Goudomp ;

Messieurs les Directeurs et Principaux des établissements scolaires du département de Goudomp ;

Messieurs les Chefs de village ;

Monsieur le Coordonnateur de la 4e édition ;

Mesdames les représentantes des groupements féminins ;

Distingués invités en vos rang et qualité ;

Mesdames et Messieurs ;

C'est pour moi un réel plaisir de prendre la parole, en ma qualité de chef de village de Safane, à l'occasion de l'ouverture officielle de la 4e édition des Journées de réflexions et de sensibilisation de Safane, 2016.

Mesdames et Messieurs,

Je voudrais tout d'abord sacrifier à la tradition en souhaitant à vous illustres hôtes, la bienvenue en terre sénégalaise de Safane, une terre riche de sa tradition hospitalière. La population safanoise est heureuse de vous accueillir, à l'occasion de cette importante rencontre dont l'objectif est de cogiter sur le rôle des jeunes pour le développement des collectivités locales.

Mesdames et Messieurs,

Votre présence, si massive et de qualité, est le gage de l'intérêt que vous accordez à la question qui nous rassemble aujourd'hui. Nous savons parfaitement à quel point votre emploi du temps est chargé. C'est pourquoi votre présence est plus qu'un acte de courtoisie, c'est tout un symbole.

À toutes les éminentes personnalités ici présentes, je voudrais indiquer combien nous sommes réconfortés et honorés par votre présence.

Je voudrais saluer en particulier le Sous-préfet de l'Arrondissement de Djibanar qui au-delà de l'honneur qu'il nous fait, confirme une fois de plus son attachement à la population placée sous son autorité mais aussi les liens affectifs qui le lient au Coordonnateur de cette édition. Merci, Monsieur le Sous-préfet Birahim BA pour votre présence.

C'est Safane Ami de tous et ennemi de personne, adepte d'un monde de solidarité et d'humanisme, qui reçoit la région de Sédhiou et ses ami(e)s ce jour pour échanger au sujet du développement des collectivités locales de notre pays. Merci d'être venus écrire ces pages glorieuses de notre Histoire commune.

Monsieur le Sous-préfet,

Madame la Marraine,

Mesdames et Messieurs,

Tous les membres présents et moi-même, vous remercions d'être venus si nombreux. Nous sommes infiniment honorés par votre présence et nous nous montrons particulièrement sensibles à cette marque de courtoisie et de délicatesse.

J'aimerais souligner la présence dans cette auguste assemblée des Chefs de village, mes amis et frères venus prendre part à ce rendez-vous d'échanges et de convivialité. Ils nous font l'honneur aujourd'hui d'être parmi nous. « Allah BARKA ».

J'en profite également pour saluer nos vaillants enseignants qui s'évertuent inlassablement et sempiternellement à la bonne formation de nos enfants qui seront les élites de demain. Je suis fier de vous, nos prières vous accompagnent.

Mesdames et Messieurs,

Notre jeunesse nous presse de nous saisir de préoccupations qui l'affectent et nous avons le devoir d'intervenir en sa faveur. C'est notamment dans cette optique qu'il a été convenu que le thème de cette édition porterait cette année sur le rôle des jeunes dans le développement des collectivités locales.

Mesdames et Messieurs,

Ce thème s'imposait à nous de manière impérieuse et je me réjouis que nous ayons choisi d'en faire l'objet d'un débat général. Les problèmes de développement constituent une menace de plus en plus sérieuse pour le développement de nos sociétés et ils exigent des actions immédiates et concertées de notre part.

Mesdames et Messieurs,

Une journée de telle envergure est une occasion, j'allais dire une opportunité, pour promouvoir les réflexions sur un thème et celui qui nous regroupe aujourd'hui est d'une importance capitale parce qu'il s'agit de développement des collectivités locales de notre cher Sénégal.

Je suis convaincu, au regard de la qualité des participants à cette rencontre, que nous aboutirons à des conclusions et recommandations qui formeront le corpus des stratégies de transformation de nos terroirs dans le sentier vers l'Émergence, comme le prône le chef de l'État, Son Excellence Macky SALL.

C'est sur ces mots d'engagement que je voudrais souhaiter pleins succès à nos travaux.

Voilà, Mesdames et Messieurs, le message que je souhaitais vous faire passer aujourd'hui. Saluer votre vitalité et les combats que les Safanois portent pour une société développée, épanouie et plus intégrée.

Je vous remercie de votre aimable attention.

Discours du Président de DSCAS Section Dakar Nouha Vincent MANÉ

Monsieur le Sous-préfet de Djibanar,

Monsieur le Chef de village de Safane ;

Monsieur le Maire de la commune de Simbandi Balante,

Madame la Marraine ;

Monsieur l'Inspecteur de l'Éducation et de la Formation de Goudomp,

Messieurs les Directeurs et Principaux des établissements scolaires du département de Goudomp,

Messieurs les Chefs de village,

Monsieur le Coordonnateur de la 4e édition ;

Mesdames les représentantes des groupements féminins,

Distingués invités en vos rang et qualité,

Mesdames et Messieurs,

Je voudrais, tout d'abord, souhaiter à tous et à toutes la bienvenue et exprimer mes profonds remerciements et ma sincère gratitude, ainsi que ceux de tous les membres de DSCAS Section de Dakar, aux honorables invités ici présents, qui, dans un élan fraternel et amical, ont bien voulu répondre à notre appel, l'appel de la jeunesse de Safane.

Je voudrais, ensuite, transmettre les salutations les plus chaleureuses et amicales de nos aînés restés à Dakar, au chef de village et à toute la population de Safane pour l'accueil très chaleureux qu'ils ont réservé à la délégation venue de Dakar.

La cérémonie qui nous réunit aujourd'hui est l'une de ces grandeurs que nos dirigeants magnifient pour favoriser le dialogue. Le dialogue entre parents et jeunes de la nation, mais aussi le dialogue inter-associatif, car il nous semble important d'exhorter les jeunes à assurer pleinement leur rôle citoyen pour booster l'économie de notre pays.

Comme qui dirait le développement d'une nation est pour la jeunesse, ce qu'est l'eau pour une plante.

Ces journées de réflexions sous le thème : « le Rôle des jeunes pour le développement des collectivités territoriales » ont vocation à sensibiliser les jeunes, les acteurs de développement et les parents afin d'apporter et de faire émerger de nouvelles approches et de nouvelles visions sur la jeunesse au sein de sa communauté.

Au-delà des propositions qui pourront émerger de nos échanges, cette cérémonie est plus que symbolique. Elle est la preuve qu'il existe des acteurs de terrain dynamiques, en mouvement, mobilisés pour construire la société de demain.

Elle est également la preuve que les hommes trouvent en eux les ressources nécessaires pour répondre à leurs inquiétudes.

C'est pourquoi, fort de ce constat, je reste convaincu, qu'au cours de nos débats, nous pourrons approfondir les sujets essentiels pour définir une action commune, les principes sur lesquels fonder une politique de réussite sociale.

Je voudrais, avant de terminer mon propos, vous remercier d'avance de la contribution que chacun d'entre vous apportera au cours de nos discussions, qui sera, j'en suis persuadé, la pierre angulaire sur laquelle va reposer la mise en œuvre d'une coopération étroite entre parents et jeunes d'une part et entre jeunes et autorités d'autre part, eux qui partagent indubitablement les mêmes aspirations.

Je tiens à remercier ici, très solennellement la Marraine, Madame Lala Aïcha FALL, Professeur, Haut Conseiller des Collectivités territoriales, Point focal des Élus locaux du Sénégal, Moussa Barrès

DIATTA, Inspecteur de l'Éducation et de la Formation du département de Goudomp par la même occasion, remercier tous ceux qui ont participé à cet effort commun et n'ont compté ni leur temps ni leur énergie pour la réussite de ces journées, en particulier nos frères de la section DSCAS de Dakar, mais aussi vous tous qui avez apporté chacun sa pierre à cet édifice.

Je vous remercie !

Discours de Moussa Barrès DIATTA, inspecteur de l'éducation et de la formation de Goudomp

Pour une fois encore, la jeunesse de Safane et toutes les populations des villages environnants ont communié comme un seul homme autour d'un idéal à atteindre, à travers un thème riche et actuel : « *Le rôle de la jeunesse dans le développement des collectivités territoriales* ».

En effet, en présence des autorités scolaires, municipales et administratives, le conférencier, en la personne de Monsieur le Professeur Sény SADIO, a bien campé la problématique, à la suite des discours du représentant des jeunes, de l'inspecteur de l'éducation et de la formation, du maire de la commune de Simbandi Balante et du sous-préfet de Djibanar.

Ces journées de réflexion ont été l'occasion pour les participants de faire le diagnostic des forces et des faiblesses du niveau de développement de plusieurs secteurs notamment l'éducation, l'agriculture, la santé, l'hydraulique, le désenclavement, etc.

Et des actes ont été posés quant à la place que doit occuper la jeunesse dans cette dynamique de mutation de la société safanoise en particulier et sénégalaise en général.

Il faut reconnaître qu'aujourd'hui, l'approche endogène et communautaire est la voie royale pour nos jeunes, qui représentent plus de la moitié de nos populations et qui sont tentés par l'aventure, l'émigration, au moment où l'État fait la promotion des domaines agricoles communautaires et d'autres initiatives au niveau local.

Quand les cadres se mettent à l'école des vieux, et quand les vieux posent la problématique de l'utilité de l'école, l'intérêt pour des rencontres d'une telle envergure n'est plus à démontrer.

Par ailleurs, l'acte III de la décentralisation qui consacre les communes et les communautés, sera le terreau fertile de toutes les politiques à la base, de toutes les planifications structurant les projets de développement par les jeunes et pour les jeunes.

Discours de Lala Aïcha FALL, Point focal des élus locaux, Haut conseiller des collectivités territoriales

Les 26, 27, 28 décembre 2016, se sont déroulées les Journées de réflexions et de sensibilisation de Safane, un bourg de la région de Sédhiou, dans le département de Goudomp, au cœur du Balantacounda. En ma qualité de marraine de cet événement, j'ai l'insigne honneur et une fierté incommensurable de retracer ici les grandes lignes de cette quatrième édition de haute portée nationale.

Je voudrais, de prime abord, saluer l'initiative qui émane de jeunes intellectuels et étudiants dudit village qui nous ont proposé un programme alléchant et très riche en enseignements.

Je voudrais, également, en tant que Point focal des élus locaux de notre pays, exprimer à toutes les éminentes personnalités qui ont répondu à l'appel de SAFANE, mes très sincères remerciements pour l'intérêt tout particulier qu'elles ont accordé à ce rendez-vous du donner et du recevoir.

Je remercie plus particulièrement Monsieur Maktar SADIO, chancelier des Affaires étrangères qui en était le grand facilitateur.

C'est avec beaucoup d'intérêt que j'ai suivi l'agenda de cette édition et, après de fructueux échanges sur le sujet du jour et les recommandations des travaux, je suis rassurée de constater que les jeunes Sénégalais, ont pris résolument leur destin en main pour développer leurs collectivités locales, épousant ainsi la politique du chef de l'État, Son Excellence Macky SALL.

À cet égard, je crois en la capacité de la jeunesse du Sénégal, à la volonté de mes frères et sœurs, à se mobiliser pour le travail et à œuvrer pour le développement de notre pays.

La soirée culturelle organisée lors de la première journée fut un prétexte pour revisiter la culture balante, peuhl, mandingue et manjaque au profit des invités et des moins jeunes qui en ont bien profité pour se ressourcer.

L'entretien organisé avec les autorités administratives fut également une opportunité de taille favorisant ainsi des échanges fructueux avec la jeunesse appelée ultérieurement à gérer des responsabilités au niveau de leurs communes et dans les instances de décision. D'où la pertinence du thème choisi et qui a été largement analysé lors de la deuxième journée.

En effet, le thème ainsi libellé : « Le rôle des jeunes pour le développement des collectivités territoriales », qui revêt d'une importance capitale, nous a donné l'occasion de rappeler que le développement est une affaire de TOUS et que, par conséquent, chaque citoyen doit se sentir acteur de celui-ci, dans un monde en sempiternelle mutation. Il vient également à son heure et s'inscrit dans le contexte de l'acte III de la décentralisation.

Cette réforme est un projet relatif à une nouvelle politique du chef de l'État dont les objectifs consistent à « organiser le Sénégal en territoires viables, compétitifs et porteurs de développement durable à l'horizon 2022 ».

À cet égard, l'objectif général consiste à élaborer une nouvelle politique nationale qui mettra en exergue la territorialisation des politiques publiques, l'intercommunalisation et la création des pôles de développement économique communément appelés « pôles territoires ». Et pour cela, il faut conjuguer toutes les forces vives des acteurs territoriaux avec une implication effective des jeunes. Car, pour atteindre les objectifs visés, il faut prétendre à une gestion de proximité des problèmes de la population qui passe incontournablement par une meilleure responsabilisation des jeunes.

C'est pour cette raison que nous soutenons que le thème est bien choisi vu les réalités de l'heure.

Je m'en veux pour preuve de l'activité relative à la remise des cadeaux aux meilleurs élèves, assez révélatrice sur le sens de la responsabilité des jeunes organisateurs. Par cette action, ils ont su encourager l'excellence et la performance, seuls gages de tout développement.

Je ne saurais terminer sans remercier encore une fois le collectif de ces jeunes qui ont porté leur choix sur ma modeste personne pour être la marraine de cette cérémonie à la fois intellectuelle et culturelle.

Mme Lala Aïcha FALL
Point focal des élus locaux
Haut conseiller des collectivités territoriales

Le développement vu par Sékou NDIAYE

Le développement est un processus qui permet de canaliser les sources de la vie et de combattre les pulsions de la mort. Développer son village ou sa collectivité territoriale, c'est essayer d'améliorer le niveau de vie et de conscience de sa population. Le rôle d'un jeune dans le développement de son village, et partant, de sa collectivité territoriale, est donc de combattre la misère intellectuelle, organisationnelle et matérielle, pour solder la dette de la génération de ses aînés, et être créancier de celle de ses cadets.

Pour pouvoir assumer cette mission, il ne doit pas prendre l'habitude de se plaindre, car celui qui prend l'habitude de se plaindre, finit par transformer sa surface sociale en territoire d'ennemis. Il ne doit pas suivre car, selon le Dr Paul Fokam du Cameroun, « suivre l'autre, c'est rester inférieur à lui ». Ce qu'il doit faire, c'est de ne pas avoir honte de ses origines, parce que celui qui n'a pas honte de ses origines, découvre chaque jour les sources de l'excellence. Il doit chercher à savoir ce qu'il a reçu en héritage, ce qu'il doit ajouter à cet héritage, comment positionner, valider, dépasser et essayer de rendre le tout invulnérable aux préjugés et aux soupçons.

Il doit éviter, pour aller dans le sens d'Aimé Césaire, de prendre l'habitude de diminuer tel dirigeant pour ses lacunes, pour grandir tel autre pour ses mérites, en respectant tout simplement l'histoire de son village et de sa collectivité qui ne doivent souffrir d'aucune amputation de fait historique qui risquerait de l'en handicaper autant.

Après ce positionnement philosophique, spirituel, historique et pacifiste, le jeune doit se rapprocher des autres pour proposer des idées, des projets, des stratégies d'organisation et des systèmes propres à la réalité de son village ou de sa collectivité, parce qu'« à plusieurs, on pense beaucoup et bien », disait Kant, le célèbre philosophe allemand.

Pour maintenir le pouvoir émotif de ses initiatives, le jeune doit appliquer, respecter et faire respecter la loi des « 3B » : « Tout ce qui est Beau est bien, et tout qui est Bien est Bon », parce que sans le respect de cette loi des 3B, il n'y aura pas de culture d'entretien, indispensable pour garder le cap du développement durable souhaité.

Toujours pour maintenir le cap du développement durable, il doit ensuite promouvoir la réalisation du Musée du village qui montre les accomplissements du passé qui incitent à construire l'avenir dans le sens du progrès.

C'est ce musée-là qui va permettre d'entretenir l'amour qui git dans la population, de faire appel aux intellectuels du village ou de la collectivité pour qu'ils viennent authentifier cet amour, le propager, le purifier, « en faire une conscience collective, un soleil irradiant », selon encore Aimé Césaire.

Pour développer son village, le jeune, surtout s'il est instruit, doit détecter cet amour, le magnifier, lui donner en permanence sa valeur, autrement dit : théoriser la réalité du village ou de la collectivité locale, parce que la théorie embellit la réalité et rend encore les citoyens plus fiers de leur village ou collectivité locale.

Pour sortir du chaos culturel dans lequel nous sommes, nous devons tous nous réconcilier avec nous-mêmes :

Le fils du forgeron doit aller à l'école ou encourager son enfant à aller à l'école, pour devenir ingénieur en industrie technologique et revenir reprendre la forge familiale, la moderniser pour inonder le village ou la collectivité et au-delà, des produits technologiques, de ses inventions.

Le fils du cordonnier doit aller à l'école pour devenir ingénieur en industrie de chaussures, et revenir reprendre l'atelier de cordonnerie de son père, la moderniser pour inonder la collectivité et au-delà, de magasins de chaussures haut de gamme.

Le fils du griot doit aspirer à devenir ingénieur du son, créer une chaîne de média pour inonder le village ou la collectivité et au-delà, le monde de sa créativité. Parce que « Ce qu'il nous faut, c'est une société riche de la puissance productrice moderne, et chaude de la fraternité antique », disait Césaire dans *Discours sur le colonialisme*.

Une fois que chacun a renoué avec ses origines, il peut s'autoriser à aller explorer les origines des autres, aucun métier n'étant et ne devant être interdit à qui veut le pratiquer, pour élargir son champ de compétences.

L'enjeu est de savoir ce que fait la jeunesse à l'heure où nous la rencontrons à Safane. Va-t-elle avec conviction à l'école ? Que fait-elle réellement ? De quoi vit-elle ? De quoi se plaint-elle ? De quoi a-t-elle besoin ? De quoi est-elle capable ? Quelles sont ses aspirations ? Que lui manque-t-elle ? En lui procurant ce dont elle a besoin, est-elle capable d'être responsable d'elle-même, de son quartier, de son village, de sa collectivité locale, de son pays, de son continent, du monde, de l'humanité tout court ?

« Nous vivons dans un chaos culturel », nous dit Aimé Césaire, hérité de la menace coloniale où selon le professeur Kapet de Bana, « l'ennemi était venu brouiller nos rangs, nos alliances, notre unité, bafouer nos cultures, nous convertir à ses propres réalités et nous traumatiser au point que nous n'avons plus d'autres réflexes que de reproduire ces réalités. Il faut donc commencer par reformater les esprits ».

Aujourd'hui, une de nos difficultés majeures est que nous avons, d'un côté, l'analphabète qui est bien portant, mais aveugle. De l'autre, l'intellectuel qui est bien voyant, mais paralytique. Que faire pour éviter la menace permanente de la misère intellectuelle, organisationnelle et matérielle ? Une réponse s'impose : que le pessimisme de l'intelligence des intellectuels accepte de travailler avec l'optimisme de la volonté du peuple. L'aveugle qui a une bonne disposition physique, une bonne carrure, en portant sur ses épaules le paralytique qui lui indique le chemin, ils peuvent éviter le danger. La science expérimentale de l'analphabète doit travailler ensemble avec la science théorique de l'intellectuel.

Le développement du quartier, du village ou de la collectivité territoriale n'est pas une affaire individuelle mais collective.

Le jeune, un jeune, tout jeune du village doit s'armer de conscience pour occuper l'espace. Il est la connexion entre le passé et le futur. Tout dans le développement converge vers lui, et de nouveau irradie de lui. Il est le centre et doit se sentir au centre de l'histoire du village et de la collectivité territoriale. D'où la pertinence du thème retenu pour ces trois jours de Safane. En cela, je dis : « Bravo ». Ce genre de rencontres finira par provoquer « le réveil, l'éveil et la veille historique » de Balantacounda : le « reve » de Balantacounda, le mot « reve » ici sans accent circonflexe étant la somme des deux premières lettres des mots « réveil », « éveil » et « veille », en faisant l'économie des lettres « e » et « v ».

Exposé du Professeur Seyni SADIO, historien, chercheur à Kandialang Ziguinchor

Thème : Le rôle des jeunes pour le développement des collectivités territoriales

L'intitulé du thème posé est d'une grande pertinence. Il en est de même pour sa portée doctrinale qui est d'une brûlante actualité. La problématique du thème est en phase avec la communalisation intégrale au Sénégal. Elle émane de l'acte III de la décentralisation dont les objectifs sont : l'érection des pôles territoriaux de développement pour l'exploitation rationnelle des potentialités humaines et des ressources naturelles que recèlent nos collectivités territoriales. La mutualisation de tous ces facteurs doit permettre un développement endogène, harmonieux et durable. Ce pari de l'acte III est une invite à un patriotisme de terroir. C'est, pour la compréhension parfaite des enjeux et des défis secrétés par l'acte III, que la jeunesse ingénieuse, pragmatique et entreprenante de Safane, nous convie à ce grand banquet d'échanges. Au vu de la qualité de ceux qui y prennent part, nous nous attendons, aujourd'hui, à des échanges riches, féconds et instructifs.

Enfin, par le biais de cette conférence, les jeunes posent un acte fort d'une grande portée civique. Ils affichent, sans ambages, leur ardent désir d'apporter leur pierre à l'édifice de « Notre commune volonté de vivre en commun », dans des espaces communaux apaisés, cordiaux, épanouis et développés.

Pour réussir ce pari, il faut bien cerner les enjeux, les défis et les grandes mutations comportementales découlant de la problématique des compétences transférées. En nous appuyant sur cette introduction liminaire, notre argumentaire analytique s'organisera autour de ces trois axes fondamentaux :

- *Partition historique des jeunes, dans le développement des communautés humaines ;*
- *Nouvelles exigences citoyennes et leadership des jeunes pour le changement des mentalités ;*
- *La jeunesse : actrice déterminante du développement des collectives territoriales.*

I. PARTITION HISTORIQUE DES JEUNES DANS LE DÉVELOPPEMENT DES COMMUNAUTÉS HUMAINES

La jeunesse de Safane, très soucieuse de l'avenir des collectivités territoriales, fait montre de sa conscience historique fondée sur une citoyenneté républicaine consciente et participative. Ainsi, jeunesse de Ndjimbé SADIO Guimala, tu renoues avec le passé de visionnaire qu'incarne ton village. Cela, par anticipation sur le cours des évènements socio-économiques et politiques. Jeunesse prosaïque, stoïque, imaginative et consciente : sois rassurée que le Balantacounda demeurera, à jamais, redevable à ce village. Car, il y a de cela, 186 ans, que des jeunes valides, intrépides et foncièrement patriotes, partirent de Safane pour supplanter les *baynouks-casa* de leur citadelle impériale de Nialan-Birkama.

Par la perpétuation de cette mission collective, linéaire et inaltérable qui incombe aux jeunes, vous rappelez le pacte historique salutaire et salvateur qui vous lie à votre terroir.

De manière empirique, la jeunesse de Safane s'acquitte des devoirs juvéniles exercés à travers des civilisations, les époques, et dans toutes les sociétés humaines.

Les jeunes constituent la tranche d'âge la plus dynamique, la plus vigoureuse et la plus active. Ils incarnent l'espoir, l'avenir, le devenir exponentiel de nos localités respectives. En tant que couche valide, procréative, la jeunesse est la ressource humaine la plus prisée. Car elle est créatrice de richesses, génitrice de l'espèce humaine et actrice des grandes mutations d'un monde en perpétuelle métamorphose.

Sous tous les cieux, dans tous les hémisphères, dans toutes les sociétés et dans tous les domaines, des jeunes ont toujours symbolisé des changements sociaux notables.

Dans toutes les religions monothéistes, à l'exception de Nabi Allah Ibrahima Khalilou Allah, les prophètes reçurent leur mission divine à l'âge adulte. C'est le même constat que nous faisons au plan intellectuel et politique.

En guise d'illustrations : *Le Président-Poète Léopold Sédar SENGHOR, Aimé CÉSAIRE, Léon Gontran DAMAS, Marcus GARVEY, Cheikh Anta DIOP avaient atteint leur notoriété intellectuelle à la fleur de l'âge (entre 20 et 35 ans).*

Au congrès des intellectuels et écrivains originaires de l'Afrique et de la diaspora tenu en 1951 à Alger, le Professeur Cheikh Anta DIOP, à peine âgé de vingt-huit (28) ans, a été la principale vedette de ce sommet. Puis en 1954, à l'âge de trente et un (31) ans, l'éminent savant sénégalais publia son livre mémorable : *Nations nègres et culture.*

En vous répertoriant ces grandes figures intellectuelles, tout en rappelant leur âge, nous voulons vous inciter à croire en vous. Pour que vous ayez votre destin en main.

Dans toutes nos sociétés, toutefois que la collectivité communautaire fait face à un péril, à des épreuves ou à des défis, les jeunes constituent les seuls remparts pour assurer la sauvegarde, la sécurité physique et morale de l'intégrité de la communauté et du terroir. Les jeunes sont donc les garants « du commun vouloir de vivre en commun ». Dépositaire de cette devise testamentaire, la jeunesse constitue le socle de l'unité nationale. Par l'usage d'une même langue officielle, par les mariages exogamiques et des amitiés extra-claniques, les jeunes constituent l'osmose d'une même nationalité. L'appartenance à une nationalité commune doit reposer sur une forte solidarité régie par une citoyenneté équitable et égalitaire.

Ainsi nous touchons du doigt le déséquilibre et la disparité ambiants qui existent entre les communes des grandes agglomérations urbaines et celles des zones rurales (surtout de créations récentes). Dans ces récentes communes rurales, il y a une réelle inadéquation entre les ressources financières (souvent maigres) et des besoins de plus en plus accrus. Dans ce monde, véritable village planétaire, la concurrence pour une meilleure survie pan-humaine, est impitoyable.

L'oisiveté, le désœuvrement des jeunes, la déperdition scolaire, le manque de débouchés pour des jeunes, dûment formés dans nos universités et dans nos instituts supérieurs, constituent de véritables pathologies sociales. Il urge de la part de nos institutions locales de prendre à bras-le-corps les innombrables problèmes qui obstruent l'avenir radieux des jeunes.

Faute de quoi, les difficultés juvéniles constitueront à l'avenir de véritables facteurs d'implosions sociales.

Avec l'option de la communalisation intégrale, les communes sans ressources consistantes doivent bénéficier d'une discrimination positive de l'État central. Cela, pour le grand bénéfice de la jeunesse.

Nous constatons en zones rurales des communes à localités pléthoriques et à des ressources naturelles quasi inexistantes. Par métaphore, elles ressemblent à des têtes hypertrophiées, posées sur des corps frêles. Pour une meilleure rationalité des ressources disponibles et pour leur dispatching équitable, ces dites communes rurales « très étendues » mériteraient d'être décongestionnées ou démembrées.

II. NOUVELLES EXIGENCES CITOYENNES ET LEADERSHIP DES JEUNES, POUR LE CHANGEMENT DES MENTALITÉS

Le Sénégal indépendant a hérité de la colonisation, un État fortement centralisé ou très jacobin. De notre accession à l'indépendance à nos jours, plusieurs ministres de l'Intérieur se sont relayés. Malgré leurs réformes administratives et territoriales nombreuses, ils ont fait preuve d'un désir permanent de rendre plus souple, plus efficiente et plus efficace la gestion de nos entités territoriales.

L'acte III qui focalise toutes les attentions est une continuité de six (06) réformes administratives et territoriales profondes. Mais, néanmoins, il est une trouvaille très intéressante, puisqu'il traduit les aspirations des masses fondamentales, à cause de son option pour un développement endogène, avec son corollaire de l'émergence de pôles territoriaux de développement. Le contexte sociopolitique se caractérise par son émulation ambiante pour une concurrence saine.

La communalisation intégrale, combinée à l'apparition de nouvelles exigences qui génèrent de nouveaux besoins à assouvir, rappelle chaque citoyen à s'acquitter du droit de remplir ses devoirs. Désormais, le citoyen (surtout le jeune) doit être conscient de ses devoirs civiques : paiement d'impôts, des taxes fiscales, contribution à un environnement social hygiénique, sain, décent, etc. Tout en se considérant comme un segment très important, dans la synergie communale, chaque jeune doit remplir ses devoirs civiques. C'est alors seulement qu'il doit s'ériger en véritable bouclier ou en sentinelle contre toutes formes de perversion des coutumes, des mœurs contre certaines tares vicieuses (corruption, concussion, boulimie foncière…).

Dans ce contexte de concurrence saine, il existe deux conditions essentielles ou sine qua non à remplir :

- La mobilisation de toutes les ressources humaines expertes, pétries de capacités avérées. Dans ces catégories, des jeunes intellectuels font légion. Il faudrait surtout, dans la quête, des personnes-ressources à fortes valeurs ajoutées.

Parallèlement aux conseils départementaux et communaux, les jeunes doivent explorer le créneau des partenariats horizontaux, grâce à la contraction des jumelages avec des villes ou villages des communes occidentales et le recours aux cadres de la diaspora. Le partenariat social avec les organisations non gouvernementales (ONG), avec des sociétés à responsabilité limitée (SARL), avec des institutions internationales à vocation humanitaire et économique ne doit plus être l'apanage exclusif des équipes municipales.

- Lutte contre toute forme de prédation et de prévarication de notre écosystème et de notre environnement socio-économique.

À ce niveau de notre réflexion, nous avions constaté avec amertume, l'indifférence coupable, l'inconscience passive, l'irresponsabilité des jeunes face à la déforestation du Balantacounda. Car, sans nullement sourciller, des exploitants apatrides ont abattu, massivement nos gigantesques caïlcédrats, nos précieux bois de vène. Par cette même aubaine, nous interpellons nos maires sur les raisons de leur mutisme. Alors que nos forêts sont en train d'être dévastées.

Avec l'éclosion d'une citoyenneté républicaine et participative, les jeunes doivent avoir foi en eux. Ils doivent être convaincus de la « mort de l'État providentiel ». Ils doivent s'approprier cet adage mandingue : « Le Dieu n'enfouira jamais le trésor ou le bonheur sous le pagne de celui ou de celle qui dort ». Les jeunes, vous devez sortir de votre torpeur, tout en divorçant d'avec la vocation purement footballistique des « navétanes », pour vous émanciper de la tyrannie des cinq (05) B : Bol, Belote, Ballon, Bal et Barada.

Exploitant votre insouciance collective, des politiciens sans vision futuriste claire vous appâtent par des parrainages ludico-lucratifs. Les directives et les grandes conclusions des congrès de jeunes que vous transmettez à ces politiciens responsables de votre destin ne sont jamais exécutées. Leur matérialisation est le cadet de leur souci.

III. LA JEUNESSE : ACTRICE DÉTERMINANTE DU DÉVELOPPEMENT DES COLLECTIVITÉS TERRITORIALES.

À l'entame de ce sous-point, notre argumentaire va se fonder sur trois citations :

« Toute valeur humaine est issue du travail », stipulaient les théoriciens de la révolution industrielle du XIXe siècle.

« Pour se développer, il n'y a pas de secret. Il faut travailler, toujours travailler, beaucoup travailler, encore travailler », Son Excellence, Monsieur le Président Abdoulaye WADE dixit.

Puis, il en rajoute : « La disponibilité des jeunes pour le développement du pays vaut plus que les centaines de milliards de l'étranger ».

Voici une vision volontariste et incitative pour stimuler les jeunes à une prise de conscience active dans le but de prendre leur destin en main. Cette option est un pari fondamental pour une jeunesse libérée de tout lien de dépendance et vassalité.

En quoi faisant ?

- Le mouvement associatif des jeunes, plus connu sous le vocable d'ASC doit rompre avec la routine des navétanes footballistiques. Cette tendance annihile les capacités procréatrices du génie intelligent des jeunes.
- Réorienter les activités de vacances hivernales par l'occupation rationnelle et judicieuse du temps (cours de vacances, causeries publiques relatives à notre environnement socio-économique, exécution des activités rentières, civiques et bénéfiques aux populations). Voici la voie de la libération des cinq (05) B cités plus haut.

Dès l'avènement de la première alternance politique au Sénégal, ont été institués des vacances citoyennes, des gouvernements scolaires et des conseils de jeunesse par ces institutions, de manière implicite, le message de la responsabilisation citoyenne des jeunes devait être décrypté. Ces espaces doivent servir à tisser, entre ceux qui président la destinée de nos collectivités territoriales et les jeunes, de forts rapports de partenariat, d'échanges et de dialogues. Les jeunes doivent considérer que toute absence à des prises de décisions les concernant va être souvent en porte-à-faux avec leurs aspirations réelles. Car « avant de répondre présent, il faut, bel et bien, être physiquement présent » selon l'adage wolof.

L'indifférence à la gestion de la chose publique, ou aux activités politiques, de la part de la jeunesse est une véritable hérésie. Souvent, la jeunesse cautionne de manière tacite la gestion approximative ou inexperte des différents conseils territoriaux (départements et communes) qui, pour une majorité de conseillers, ont des compétences très douteuses. Cela est dû au bas niveau intellectuel d'une grande partie des conseillers.

- Face à la préoccupation capitale des jeunes « de ce que demain sera », il urge pour nos conseillers départementaux, municipaux de trouver des solutions aux multiples hantises qui assaillent les jeunes. Ces jeunes sont victimes des problèmes multiples dont : l'oisiveté, le désœuvrement, la délinquance, l'alcoolisme, la toxicomanie, la déperdition scolaire prématurée, mariages précoces, grossesses non désirées, manque de débouchés et d'emplois, exode rural, migrations clandestines.

Donc, comme vous le constatez, les problèmes sont nombreux et les défis multiples dans nos collectivités territoriales. Les tableaux, sans être sombres, sont très peu reluisants.

- Amorce de la rupture ; les jeunes doivent faire preuve d'initiative par l'investigation des créneaux porteurs et par la quête de l'octroi des microfinances.

Il faut rompre avec des options stricto-ludiques des congrès de villages non productifs et sans perspectives.

Armés de votre conviction profonde : « Que nulle force providentielle, nul pouvoir mercantile, nul mécène humaniste et philanthrope ne peuvent vous octroyer le bonheur sur cette terre sans que vous ne participiez ». Il s'agit d'ériger le travail en culte, pour vous libérer des contraintes de l'assistanat et du parasitisme.

Pour clore notre exposé, nous allons faire recours à ces données démographiques de l'arrondissement de Djibanar en 2015. Ces données nous ont été fournies par le mémoire de Monsieur le Professeur Bouly SIDIBE enseignant au CEM de Niafor.

Notre arrondissement, ou le Balantacounda, a une population totale de 80 129 habitants.

Sa structure démographique est ainsi répartie :

- Les jeunes de moins de 20 ans font 40 866 âmes, soit 51 % de la population totale ;

- les garçons sont estimés à 21 843 âmes, soit 53,45 % ;
- les filles : 19 023 âmes, ou 46,55 % ;
- Les adultes (de 20 à 60 ans) : 33 655 individus, soit 42 %. Cette tranche d'âge se répartit ainsi : hommes : 17 230 âmes (50,90 %), tandis que les femmes sont estimées à 16 425 âmes (49,10 %) ;
- Les vieillards représentent 7 % de la population totale ou en valeur absolue, 5 609 vieillards et vieilles.

Nous constatons que la structure démographique est pyramidale.

Exceptionnellement, le ratio de la gent féminine est plus faible que celle masculine, dans la tranche d'âge des jeunes et des adultes. Ce déséquilibre est dû à des facteurs d'ordre économique. On remarquera, comme conséquences démographiques, le vieillissement progressif de la main-d'œuvre féminine. La femme rurale, par la perte énorme des bras valides (due au phénomène de domestique ou de bonne dépensant son énergie physique dans les grandes villes), est astreinte journalièrement à des tâches ménagères pénibles : la corvée de l'eau, la collecte du bois de chauffe, la cuisine, des travaux rizicoles harassants, transformation des céréales en produits finis, adoption de la progéniture de ses filles néo-citadines.

Compte tenu de l'immensité du thème pour ses multiples aspects à analyser, nous n'avons, nullement, la prétention de l'épuiser de manière exhaustive.

Tout en vous exprimant ma gratitude, de m'avoir honoré, pour introduire cette conférence dont le thème, ô combien important ! Les grandes conclusions, auxquelles nous aboutirons, à l'issue de fructueux et riches échanges, seront l'émanation de la contribution de chacun d'entre nous.
Professeur Sény SADIO

Chercheur, historien à Kandialang, Ziguinchor

Recommandations

Les participants aux Journées de réflexions et de sensibilisation Safane 2016 sur le thème « Le Rôle des jeunes pour le développement des collectivités territoriales », organisées conjointement par Djimbé sportif culturel et artistique de Safane (DSCAS) et le village de Safane – les 26, 27 et 28 décembre 2016.

Rappelant que le village de Safane s'engage à pérenniser la tenue de ses Journées de réflexions et de sensibilisations ;

Rappelant les obligations conventionnelles du village de Safane pour la bonne tenue de cet événement ;

Rappelant les recommandations des précédentes éditions ;

Reconnaissant l'engagement et les efforts des autorités locales ;

Notant avec satisfaction la politique mise en place par le chef de l'État, Son Excellence Macky SALL, à travers l'Acte III de la décentralisation et du Plan Sénégal émergent ;

Convaincus en outre de la ferme volonté du chef de l'État de faire de la jeunesse un des leviers essentiels pour l'émergence de notre pays ;

Adoptent les recommandations suivantes :

1/ SANTÉ – Renforcement du personnel (infirmiers suppléants, sages-femmes) – Ouverture d'une pharmacie – Formation du personnel subalterne et des membres du comité de gestion – construction d'une maternité dans les meilleurs délais possible.

2/ ÉDUCATION – Construction supplémentaire de salles de classe – Renforcement en équipements mobiliers et en matériels pédagogiques et didactiques – Ouverture d'une bibliothèque – Construction d'un jardin d'enfants – Clôture de l'école élémentaire – Modernisation de l'école coranique.

3/ AGRICULTURE – Ouverture des magasins d'approvisionnement en intrants – Mise en place des fonds de soutien pour la commercialisation des produits – Formation des exploitants en techniques de conservation et de transformation ainsi qu'en gestion – Soutien des projets en cours de réalisation.

4/ ÉLEVAGE – Ouverture d'un magasin d'aliments de bétail – Amélioration et développement de l'aviculture – Développement de la pisciculture – Ouverture du centre d'élevage.

5/ CULTURE – Construction d'un centre polyvalent de développement – Aménagement et équipement d'un centre sportif.

6/ ENVIRONNEMENT – Reboisement des bordures de la route principale et les alentours des établissements scolaires ainsi que des lieux de culte.

7/ AUTRES PROJETS D'INFRASTRUCTURES – Construction de la grande mosquée et d'un marché – Construction d'une chambre mortuaire – Construction d'un château d'eau de 100 m^3 et extension du réseau d'adduction en eau potable – Installation du réseau téléphonique.

8/ SUPPORTS ORGANISATIONNELS – Inscription des Journées de réflexions et de sensibilisation dans le calendrier des activités de la commune de Simbandi Balante les 26, 27 et 28 décembre de chaque année – soutien financier et/ou matériel des autorités administratives de la région de Sédhiou pour la réussite de l'événement.

CHAPITRE VII

PREMIER ESSAI D'ENVOL POLITIQUE

Denis MANSALY

Premier candidat de Safane à la magistrature de la municipalité de Simbandi Balante dont relève le village, membre du Comité de pilotage de la révolution citoyenne de Safane de 2003

Son profil

Ancien président de l'association des jeunes de Safane, ancien président de la CQRP de la zone de Diattacounda, président en exercice du Comité de gestion de la paix et du dialogue transfrontaliers dans la commune de Simbandi Balante, directeur des écoles en exercice à Térembasse, candidat à la mairie de Simbandi Balante aux élections locales du 23 janvier 2022.

Sa profession de foi

Chers citoyens, Chères citoyennes, Vous qui vivez parmi nous,

En m'adressant à vous à travers ces quelques lignes, trouvez-en toute ma reconnaissance à l'endroit de ceux et celles qui se sont battus pour faire de nous des citoyens et citoyennes, soucieux du développement de notre territoire.

C'est aussi, pour moi, une manière de rompre avec la démarche classique, qui ne présente pas souvent de programme, de vision au peuple. Ce faisant, je voudrais, au nom de la coalition WALLU/Sénégal qui m'a investi pour diriger sa liste majoritaire, vous présenter ma profession de foi. À ce titre, m'appuyant sur la loi n° 2013-10 du 28/10/2013, j'aimerais axer mon quinquennat, dès que vous m'accorderez vos suffrages, sur les dimensions suivantes :

Axe 1 : Éducation, formation, insertion

– Créer des écoles maternelles et des équipes dans les villages qui en ont besoin.

– À l'ouverture des classes, les élèves des écoles élémentaires auront leurs fournitures scolaires.

– Le suivi des travaux de construction des salles de classe, d'établissements scolaires (écoles élémentaires, collèges et lycées) sera de rigueur car il a été noté que des entrepreneurs faisaient ce travail sans normes correctes de droit.

– Associer le site abritant le lycée de Simbandi Balante. Ce problème fait qu'aujourd'hui, le lycée ne peut pas être construit par l'État ; pour défaut d'acte.

– Doter chaque collège et lycée de bibliothèque, et les brancher en ligne d'Internet.

– Organiser des concours d'excellence dans les collèges et lycées.

– Accorder des aides financières d'une valeur de 3 000 000 F/an aux étudiants des établissements scolaires de la commune.

– Ouvrir des *daras* modernes dans les villages de Djimbana et Darsilam, Sédhiounding, etc.

– Construire un centre polyvalent de formation par le biais du partenariat.

– Mettre en place des mécanismes de formation et d'emploi.

– Rénover toute école ayant une longévité de 30 ans.

Axe 2 : Santé et social

Construire et équiper des cases de santé à Madina Peulh, Mandina Balante, Djimbana et Sibana, Niafor et Kolane en postes de santé.

– Équiper les postes de santé d'ambulances pour les évacuations sanitaires et médicales vers des centres, à travers les partenariats, la diaspora.

– Des postes de santé privés catholiques pourront faire également l'objet de négociation pour les transformer en centres de santé secondaires vu la qualité des services offerts.

– Mettre à la disposition des structures de santé de la commune des subdivisions, des médicaments et autres, pour 200 personnes et familles vulnérables par an, dans les mutuelles de santé.

– Créer et formaliser la pratique de la médecine traditionnelle.

– Créer un service social géré par un travailleur social, diplômé d'État.

– Mettre en place des centres d'état civil de promiscuité dans les villages de Niafor, Safane et Assoumoul.

– Créer un cimetière catholique à Simbandi au bout de quatre ans.

Axe 3 : Culture et tourisme

– Créer un agenda culturel (journée de livre, de danse, de conte et de théâtre) municipal pour booster l'économie locale à travers le tourisme.

– Construire un musée représentant en son sein la diversité ethnique de la commune.

– Ouvrir des salles de formation aux techniques de danse et de maniement de musique de différentes ethnies.

– Former des jeunes aux métiers de potiers avec l'expertise des femmes mandingues de Sédhiounding.

– Créer un village artificiel en pleine vallée entre Simbandi Balante et Bondaly Mancagne.

– Créer un village touristique.

Ce projet fera l'objet de recherche de partenariat au niveau national pour sa réalisation.

Axe 4 : Environnement et développement durable

– Créer et ériger des zones de forêts classiques avec l'appui des services techniques.

– Créer des lieux de reproductions des oiseaux et des crocodiles (identifiés à Simbandi).

Lutter contre l'exploitation abusive des bois de ressources nautiques, pour l'usage des filets réglementés, en relation avec les services techniques de pêche.

– Créer et protéger des sites de reproduction de poissons.

– Mettre en place ou jeter des épaves des véhicules dans le site de reproduction de poisson.

Instaurer un calendrier de repos biologique sur le périmètre communal du fleuve Casamance.

– Promouvoir la pisciculture et l'aquaculture, et valoriser le secteur.

– Établir des clauses (entre entrepreneurs, villages et mairies) de gestion d'exploitation des carrières de sable et de gravillons (l'application de responsabilité sociétale sera de rigueur).

Axe 5 : Agriculture, commerce, élevage

– Organiser des groupements de femmes ; jeunes agriculteurs et éleveurs en associations pour bénéficier des prêts.

– Aménager des périmètres agricoles pour le marécage.

– Favoriser l'autosuffisance alimentaire par la mécanisation des travaux champêtres et rizicoles.

– Faire régulièrement appel aux techniciens pour les renforcer en technique de production et de vente.

– Revitaliser le périmètre bananier de Sibana.

– Doter chaque année les groupements en spéculations maraîchères.

– Moderniser les « loumos »[28], les rendre plus attrayants et compétitifs.

– Spécialiser chaque zone, à l'image de Thiar et Djimansar qui s'adonne à la culture du piment.

– Doter la commune de tracteurs (mécaniser l'agriculture) pendant le quinquennat.

[28] Marché hebdomadaire.

– Encourager les jeunes à l'élevage intensif en leur dotant des espaces sécurisés.

– Tracer et créer des zones de pâturage.

– Démarcher pour l'implantation du Crédit Mutuel Sénégal (CMS) à Simbandi Balante.

Axe 6 : Jeunesse et sport

– Faire bénéficier à chaque village une subvention de fonctionnement.

– Mettre en place une plateforme pour identifier les jeunes diplômés, qualifiés pour des perspectives d'insertion.

– Appuyer les jeunes entrepreneurs dans la réalisation d'entreprise (exemple, les jeunes boulangers de Manécounda).

– Multiplier des cellules de formation en scouts, Croix-Rouge, pour former des citoyens et citoyennes de demain.

– Construire tous les deux ans un terrain multifonctionnel de sport dans le périmètre communal.

– Encourager et accompagner les formateurs et initiateurs de petites catégories au plan sport.

– Créer un service chargé des sports et des questions de jeunesse, géré par un expérimenté issu de la commune.

Axe 7 : Eau, électricité, communication

– Étendre le réseau hydraulique, former et encadrer des comités pour la gestion des forêts.

– Placer, au niveau de la commune, des services techniques, pour que chaque village puisse être branché à l'électricité.

– Plaider pour le prolongement de la piste de développement jusqu'à Ngoré (Guinée-Bissau).

– Réhabiliter les voies inter villages : 1° Boukaour-Kolane, 2° Bani-Safane, 3° Faraba-Safane, 4° Assoumoul-Sémène-Sankadj-Thiéba. Mandina Assaye.

– Initier une rencontre intercommunale pour la mise en place d'un corridor allant de Bacondi via Bafata (dans la commune de Djibanar), en passant par Madina Peulh, Assoumoul, Boutonghoul (dans la commune de Simbandi Balante), Thieba, Kaniko, Sathioum (dans la commune de Yarang Balante).

Axe 8 : Sécurité

– Installer un comité communal de dialogue transfrontalier pour réduire le cas de vol de bétail.

– Plaider pour la mise en place des postes de défenses et de sécurités à Madina Peulh, Assoumoul, Thiamoulé.

Axe 9 : Le Partenariat

– Associer des personnes-ressources dans la gestion de la cité.

– Développer la commune par la participation inclusive.

– Rencontrer périodiquement nos partenaires, la diaspora pour discuter des questions de développement de la localité.

Chers concitoyens,

Chères concitoyennes,

Vous qui vivez parmi nous,

Je voudrais vous remercier pour l'attention particulière que vous m'avez accordée en me lisant.

En choisissant de nous accorder vos suffrages, vous ne vous trompez pas.

Ensemble, construisons notre commune dans la fraternité !

Nos conseils techniques

1. M. Ansou Boroko MANE, éducateur spécialisé, maître ès psychosociologies, diplômé de l'Université du Québec à Rimouski, Canada.

M. Honoré MALOU, technicien supérieur de la Santé, diplômé de l'ENDSS de Dakar.

2. M. Cheikh Siaka SADIO, ingénieur diplômé de l'École polytechnique de Thiès.

3. Malang Karamo MANSALY, docteur en pharmacie, diplômé de l'Université Cheikh Anta Diop de Dakar.

4. M. Blaise MANE, professeur de lettres modernes, maître en grammaire linguistique, diplômé de l'Université Gaston Berger de Saint-Louis, ingénieur en relations humaines, diplômé de l'Université de Liège en Suisse.

5. Valentin MANSALY, agent des parcs à la retraite, spécialiste en ornithologie.

6. M. Seckou NDIAYE, maître de cérémonie, diplômé en protocole.

7. Abdoulaye MBALLO, principal de CEM, diplômé de l'École normale supérieure à l'Université Cheikh Anta Diop de Dakar.

8. Mme Dienaba DRAME, travailleuse sociale, spécialisée dans la protection des enfants, diplômée de l'ENTSS.

9. Mme Yvonne SADIO, travailleuse sociale, spécialisée en développement communautaire, diplômée de l'ENTSS.

10. Sanasy MANSALY, agent des Eaux et forêts, major à la retraite.

Le nouveau chef de village

Abdoulaye Toto Sadio

Septembre 2021, Abdoulaye Toto Sadio, le nouveau chef du village, ici, au centre, au pied du forage (château d'eau) en construction, dirige une réunion sur le suivi et la gestion des projets qui arrivent au village.

Le 4 janvier 2022, à moins de trois semaines des échéances électorales locales prévues pour le 23 janvier 2022, le quotidien national sénégalais *Le Soleil*, publie, à la page 11, un reportage de son journaliste correspondant Samba Diamanka sur Safane, sous un titre à la fois positif et négatif (voir le document ci-dessous).

Cela paraît normal puisque l'auteur était dans un contexte électoral. Il fallait un titre qui ragaillardit les citoyens et interpelle les politiciens à ne pas oublier ce village historique, s'ils sont vraiment dans la poursuite de la construction de la dynamique historique. L'article semble dire ceci :

« Avec la rébellion casamançaise des années 1998, bien des habitants de la zone ont abandonné leur village, Safane avait refusé de disparaître de la nouvelle carte géographique sénégalaise.

Dans ce village vieux de 200 ans environ, la vie semble s'arrêter, les habitants restent modestes, mais fiers de leur histoire et déterminés à garder leur identité. »

L'histoire renseignerait, selon l'article, que c'est dans ce village de Safane que le plan de guerre, qui a permis d'envahir et d'assiéger Brikama occupé à l'époque par des Baïnunks, aurait été conçu.

L'article informe également que les descendants de l'ethnie fondatrice de ce village, qu'on appelle Balante, vivent aujourd'hui en parfaite harmonie avec les Manjaks et les Mandingues.

Aux doléances, l'assistance évoque le manque d'électricité, d'eau potable, de bonnes routes. Et comme pour condenser le contenu de son article, le journaliste écrit : « Les femmes portent l'économie du village, les jeunes jouent au football, les hommes discutent à l'ombre d'un manguier. À l'intérieur d'une concession, des adultes et quelques notables sont regroupés autour d'une natte et procèdent à un récital du Saint Coran, pour le repos de l'âme des personnes récemment disparues. »

Sur l'histoire et le mystère qui entoure ce village plus que centenaire des hommes de refus (Balantes), Ma Ousmane Amone Sadio fait figure de réceptacle de quelques pans de l'histoire de cette terre de vaillance.

Selon cet historien local, *le village a été créé en 1848 par Djimbé Sadio. Tous les villages qui polarisent aujourd'hui Safane auraient été créés par les habitants de Safane. Tout ce qui concernait ces villages se déciderait à Safane : règlement de différends, paiement des impôts, etc. Safane faisait office de chef-lieu*, conclut l'historien.

CHAPITRE VIII

UNIVERSITÉ DE LA RÉVOLUTION MENTALE

Engagement – Persévérance – Excellence

Les hypothèses de Seckou Ndiaye pour la révolution citoyenne en 2003, les recommandations de la 4e édition des *72 heures de Safane* présentées par Maktar Sadio en 2017 et le programme politique de Denis Mansaly aux élections locales en 2022, constituent et constitueront le socle des travaux de l'Université Marabalou de Safane qui aura deux impératifs.

Premièrement, interroger Safane sur ses richesses et ses ressources ; sur ses conditions propres qui favoriseraient toute vie décente ; sur les moyens d'organisation sociale dont disposaient les anciens pour transformer et mettre en valeur les richesses et les ressources dont disposait le village ; sur sa vocation à être parmi les plus grands pôles de développement de Balantacounda ; sur ses hommes et son peuple pour l'éclosion et le développement de son génie à maîtriser la science, la technologie et la technique ; sur son histoire pour comprendre et faire comprendre qu'il a fourni et continue à fournir les moyens de tous genres pour le développement du patrimoine général de Balantacounda en particulier et du Sénégal en général ; sur les valeurs morales et spirituelles qui le distinguent des autres villages et font de lui un grand village de Balantacounda ; sur sa présence et sa représentativité au sein des instances locales de conception, d'élaboration et d'application des décisions concernant la stratégie locale de développement ; sur les perspectives et les méthodes de coopération de nos ancêtres entre eux et les autres êtres, qui leur ont permis de conduire une humanité qui permet aux Balantes, aux Manjaks et aux Mandingues qui habitent ce village aujourd'hui, de vivre en parfaire harmonie ; sur la symbolique de retrouvailles de ses habitants et leurs projets collectifs ; sur ce qu'ils sont et comment ils vivent ; sur ce qu'ils ont fait et ce qu'ils font ; sur ce qu'ils peuvent faire et sur ce qu'ils ne peuvent faire sans les autres, dans les divers domaines de l'activité humaine.

Deuxième impératif, interpeller les Safanois sur ce qu'ils sont et comment ils vivent, sur ce qu'ils ont fait et ce qu'ils peuvent faire.

Sur le nombre de savants safanois, sur ce qu'ils ont découvert et les applications de leurs découvertes, ont-ils élaboré des théories scientifiques, et dans quels domaines ? Ont-ils écrit des ouvrages et dans quels domaines ? Les bibliothèques scolaires et universitaires sont-elles constituées aussi des œuvres des Safanois ? Quel système de veille stratégique faut-il mettre en place pour surveiller l'évolution générale de l'Humanité, renforcer la santé culturelle et prolonger la vie historique de Safane ?

Ces questions de développement seront constamment étudiées, analysées, approfondies, expliquées, commentées, discutées, positionnées, validées, dépassées et verrouillées à l'Université Marabalou de Safane, pour éclairer, informer et former, ou plus précisément informer, sensibiliser, mobiliser, recruter, former et promouvoir les renaissants de Safane en particulier et de Balantacounda en général.

Dans cette Université du Souvenir et du Rêve, les matières de départ seront l'alphabétisation, le rattrapage scolaire, la lutte contre l'illettrisme, le soutien scolaire, l'aide aux devoirs, l'accompagnement scolaire, le système de raisonnement de l'école primaire au laboratoire de recherche scientifique.

Ces cours seront assurés par des enseignants titulaires, des suppléants et des répétiteurs, choisis parmi les étudiants qui terminent ou viennent de terminer leurs études. La mission des répétiteurs consistera à faire revoir aux élèves ce que le maître leur avait enseigné, élargir et approfondir au besoin ces acquis par des exemples puisés dans la vie familière.

Suivra ensuite l'étude expliquée, commentée, discutée, positionnée, validée, dépassée et verrouillée de chacune des cultures des trois ethnies qui composent Safane aujourd'hui, à savoir les Balantes, les Mandingues et les Manjaks. Et enfin, suivront les études des cultures et civilisations étrangères. Pouvons-nous le faire ?

Oui, parce que, intellectuellement, Safane regorge de compétences supérieures. Matériellement, Harvard a commencé avec un petit local aménagé en un coin bibliothèque, une salle de conférences, neuf étudiants et un professeur. Aujourd'hui, c'est une machine à fabriquer des éminences grises, de grands chefs d'État et des prix Nobel. Nous suivrons l'exemple de Harvard.

Les résultats attendus de l'Université Marabalou de Safane seront les suivants :
– Faire des Safanois des habitants efficaces et des citoyens de progrès, capables de mieux réagir face à l'actualité, aux comptes rendus de l'action des dirigeants, aux prises de position de l'opposition, aux débats du Parlement, aux arguments en présence pour mesurer les enjeux budgétaires, de l'évolution du chômage ou de celui de commerce extérieur[29].
– Faire du site Marabalou un lieu où l'on pourra venir apprendre, interroger et répondre, débattre avec les autres, pour construire ensemble une humanité toujours plus fiable et viable ; un lieu où on pourra venir apprendre à se mettre dans l'air du temps, à

---

[29] Daniel Junqua, « Le citoyen, la presse et l'argent », page 13, *Le Monde*.

s'adapter aux transformations profondes ou passagères de la société, y trouver sa place et exploiter son talent[30] ; un lieu où on apprendra, en vertu du paradigme inclusif « Je suis, parce que tu existes », qu'« une nouvelle recrue n'est pas là pour chasser ceux qui étaient là avant elle ». Elle n'est pas une menace, mais que sa venue, plutôt que d'être une menace, oblige chacun à se repositionner, à redéfinir son rôle, sa place, sa fonction, à s'adapter pour devenir encore meilleur.

D'une manière générale, l'étudiant de Marabalou aura toujours l'occasion d'entendre les conférences en présentiel ou « distancielles » des intellectuels de Safane qui, d'où qu'ils vivent dans le monde, doivent s'acquitter de leur dette historique envers Safane de deux heures au moins par mois ; mais aussi cela donnera, à tout Safanois de Safane ou d'ailleurs, de saisir l'occasion d'entendre les professeurs les plus éminents ou de faire eux-mêmes des conférences.

L'Université Marabalou de Safane sera donc un projet qui ne viendra pas en concurrence de quoi que ce soit d'existant similaire, mais un plus, différent, complémentaire et original. Pouvons-nous le faire ? En d'autres termes, avons-nous le droit et les possibilités de créer une université ?

Safane regorge aujourd'hui d'intellectuels de tous les niveaux et dans toutes les filières de la connaissance, du savoir, du savoir-faire, du faire savoir et du savoir-faire faire, qui travaillent pour d'autres, sauf pour

---

[30] Daniel Junqua, « Le citoyen, la presse et l'argent », page 122, *Le Monde*.

Safane. Donc, nous avons le droit de créer une université.
Harvard, l'une des plus riches et des plus puissantes universités sinon la plus riche et la plus puissante université au monde, a commencé avec un petit local aménagé en un coin bibliothèque, une salle de conférences, neuf étudiants et un professeur. Aujourd'hui, c'est une machine à fabriquer des éminences grises, de grands chefs d'État et des prix Nobel. Nous suivrons l'exemple de Harvard et le suivant, nous ne manquerons pas les moyens de commencer notre Projet. Donc, nous avons les possibilités de notre ambition.

CONCLUSION

L'initiative liminaire citoyenne de Seckou Ndiaye en 2003, le comportement visionnaire, régulateur des tensions et restaurateur de paix du chef de village, Mamadou Lamine Sadio et le concept moteur « Les 72 Heures de Safane » de la Jeunesse alertée sur sa place et son rôle dans le développement des collectivités territoriales, ont placé, naturellement, Safane sur le chemin du développement.

Sous le règne de Mamadou Lamine Sadio, c'est le réveil, l'éveil et la veille citoyenne de Safane « dans la vitalité et l'exigence, l'utilité et le défi, le débat et la confrontation des idées, pour être du temps dans le rassemblement et le dépassement pour le village de Safane aimant debout, plus intelligent »[31] et doté désormais de la mentalité pharaonique de conquérant et de bâtisseur. L'Histoire d'un lieu s'impose par le caractère impressionnant de ses événements, de ses hommes et de ses faits. Si Safane a marqué l'histoire de Balantacounda, c'est certainement à partir du rituel du « Tali », un poison mortel que les Balantes utilisaient pour lutter contre la sorcellerie. En 1911, 57 habitants de Diattacounda furent tués par le « Tali ». À Safane, un petit village de 130 personnes, 83 périrent en quelques jours. Le gouverneur Maclaud tenta à l'époque, en vain, d'arrêter le

[31] Bertrand Delanoë, maire de Paris, « Assises des Associations parisiennes », Paris, 2003.

massacre[32]. Bien d'autres grands événements, grands hommes et grands faits suivront, jusqu'à nous qui tentons de faire en sorte que l'histoire de notre génération soit digne du passé de notre Safane natal.

Dans notre conviction, notre détermination, notre disponibilité et notre disposition à œuvrer pour le bien de Safane, de Balantacounda, du Sénégal, de l'Afrique et de l'Humanité, à l'« *Université Marabalou* de "*Safane en Devenir*" », nous ne refuserons jamais à prioriser ce que l'on nous dira, pourvu qu'il démontre que nous n'avons pas raison sinon, il doit accepter notre vision des choses, en attendant de pouvoir le faire[33].

---

[32] Christian Roche, *Histoire de la Casamance*, Karthala.

[33] Seckou Ndiaye, selon son entendement du cours intitulé « Idées politiques », 3e cycle en citoyenneté, droits de l'Homme et action humanitaire, Université Paris Évry Val d'Essonne, 2002.

www.ingramcontent.com/pod-product-compliance
Lightning Source LLC
LaVergne TN
LVHW010941051026
849532LV00003B/1076
* 9 7 8 2 3 8 4 1 7 2 5 8 0 *